我們為什麼愛宋朝

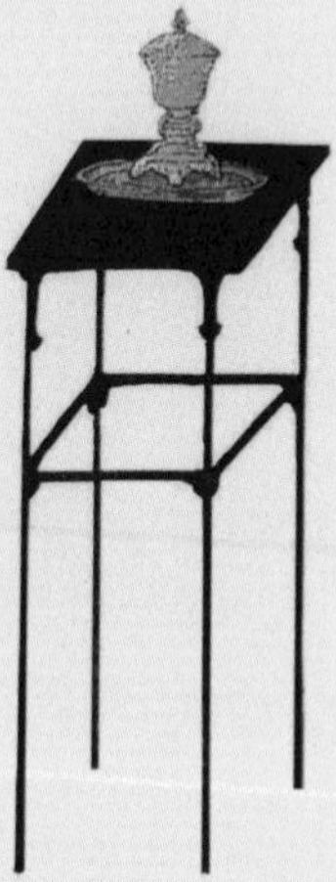

賈冬婷、楊璐 編著

《實用歷史叢書》出版緣起

王榮文

歷史就是大個案

《實用歷史叢書》的基本概念，就是想把人類歷史當做一個（或無數個）大個案來看待。

本來，「個案研究方法」的精神，正是因為相信「智慧不可歸納條陳」，所以要學習者親自接近事實，自行尋找「經驗的教訓」。

經驗到底是教訓還是限制？歷史究竟是啟蒙還是成見？──或者說，歷史經驗有什麼用？可不可用？──一直也就是聚訟紛紜的大疑問，但在我們的「個案」概念下，叢書名稱中的「歷史」，與蘭克（Ranke）名言「歷史學家除了描寫事實『一如其發生之情況』外，再無其他目標」中所指的史學研究活動，大抵是不相涉的。在這裡，我們更接近於把歷史當做人間社會情境體悟的材料，或者說，我們把歷史（或某一組歷史陳述）當做「媒介」。

從過去了解現在

為什麼要這樣做？因為我們對一切歷史情境（milieu）感到好奇，我們想浸淫在某個時代的思考環境來體會另一個人的限制與突破，因而對現時世界有一種新的想像。

通過了解歷史人物的處境與方案，我們找到了另一種智力上的樂趣，也許化做通俗的例子我們可以問：「如果拿破崙擔任遠東百貨公司總經理，他會怎麼做？」或「如果諸葛亮主持自立報系，他會和兩大報紙持哪一種和與戰的關係？」

從過去了解現在，我們並不真正尋找「重複的歷史」，我們也不尋找絕對的或相對的情境近似性。「歷史個案」的概念，比較接近情境的演練，因為一個成熟的思考者預先暴露在眾多的「經驗」裡，自行發展出一組對應的策略，因而就有了「教育」的功能。

從現在了解過去

就像費夫爾（L. Febvre）說的，歷史其實是根據活人的需要向死人索求答案，在歷史理解中，現在與過去一向是糾纏不清的。

在這一個圍城之日，史家陳寅恪在倉皇逃死之際，取一巾箱坊本《建炎以來繫年要錄》，抱持誦讀，讀到汴京圍困屈降諸卷，淪城之日，謠言與烽火同時流竄；陳氏取當日身歷目睹之事與史實印證，不覺汗流浹背，覺得生平讀史從無如此親切有味之快感。

觀察並分析我們「現在的景觀」，正是提供我們一種了解過去的視野。歷史做為一種智性活動，也在這裡得到新的可能和活力。

如果我們在新的現時經驗中，取得新的了解過去的基礎，像一位作家寫《商用廿五史》，用企業組織的經驗，重新理解每一個朝代「經營組織」（即朝廷）的任務、使命、環境與對策，竟然就呈現一個新的景觀，證明這條路另有強大的生命力。

我們刻意選擇了《實用歷史叢書》的路，正是因為我們感覺到它的潛力。我們知道，標新並不見得有力量，然而立異卻不見得沒收穫；刻意塑造一個「求異」之路，就是想移動認知的軸心，給我們自己一些異端的空間，因而使歷史閱讀活動增添了親切的、活潑的、趣味的、致用的「新歷史之旅」。

你是一個歷史的嗜讀者或思索者嗎？你是一位專業的或業餘的歷史家嗎？你願意給自己一個偏離正軌的樂趣嗎？請走入這個叢書開放的大門。

目錄

回思宋朝熱

風雅世界裡的世俗之樂

文人盛世的落幕

回思 宋朝熱

千里江山圖（局部）現藏北京故宮博物院

我們為什麼愛宋朝

如果有機會，你最想穿越時空到哪個朝代去？結果出現最多的答案是宋朝。原因很簡單，宋朝理想與現實並重，大俗與大雅兼備，是最適合生活的朝代，也是許多人心目中的理想世界。

本篇作者賈冬婷。

當時之盛

最能代表宋朝市井小民的生活圖景首推北宋畫家張擇端的〈清明上河圖〉。它堪稱北宋社會的「百科全圖」，街道交錯縱橫，民居鱗次櫛比，商鋪百肆雜陳，商旅雲集，車水馬龍，徐徐展開了一幅十二世紀初北宋都城汴京清明時節繁盛的市井風俗畫。「庶幾開卷得睹當時之盛」，正是孟元老寫作可與畫卷圖文對照的《東京夢華錄》的原因。也因此歷代臨仿者甚多。

台北故宮博物院就收藏有三種版本，其中最有名的是清院本〈清明上河圖〉，台北故宮博物院更配合展覽製作古畫動漫，吸引小學生前往觀賞。另外，二〇一六年秋天北京故宮的《石渠寶笈》特展曾展出〈清明上河圖〉真跡，結果引發史無前例的觀看熱潮。今人對宋朝的好奇和追慕可見一斑。

與此相對照的一幅場景，是〈西園雅集圖〉。如果說〈清明上河圖〉集中反映了宋朝生活「俗」的一面，西園雅集則是「雅」的象徵。在北宋被傳為佳話的〈西園雅集圖〉，是當年眾多文人雅士的宴遊場景，包括蘇軾、黃庭堅、米芾、李公麟、蔡襄、秦觀等聚集在駙馬都尉王詵府中，或吟詩賦詞，或撫琴唱和，或打坐問禪，形成了以蘇軾為中心的文人圈。

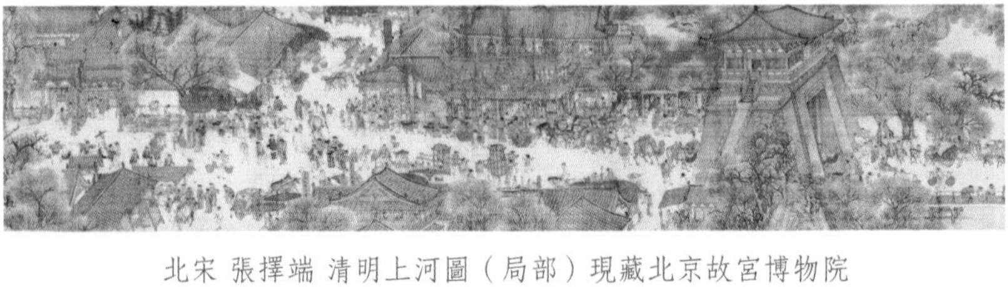

北宋 張擇端 清明上河圖（局部）現藏北京故宮博物院

身在其中的北宋畫家李公麟以寫實的手法將雅集描繪下來，由米芾作序，「水石潺湲，風竹相吞，爐煙方嫋，草木自馨。人間清曠之樂，不過如此」。西園雅集圖是古代繪畫史中的一個經典母題，後代畫家多有摹本或仿作，也是宋人精神的一種延續。

近代的拂曉

談起宋朝，人們常有一種愛恨交加的感覺。最典型的，是教科書上常說宋代是個「積貧積弱」的時期。宋史大家鄧廣銘先生之女鄧小南評論道：「這種認識框架基本是近代以來形成的，包含著當代人的民族情感和反觀歷史的體悟；對『自立於世界民族之林』的憧憬，往往與對漢唐盛世的懷戀聯繫在一起。」

與此形成對照的是，一大批海外漢學家以相對超然的心態去看宋朝，甚至形成完全兩極的評價。比如哈佛大學教授費正清主張，北宋與南宋是中國歷史上最輝煌的時期，宋代包括了許多近代城市文明的特徵，在此一意義上可以視其為「近代早期」。

南宋 劉松年 西園雅集圖（局部） 現藏台北故宮博物院

漢學家們普遍認為，儘管從軍事威力和勢力範圍來衡量，宋朝是個虛弱的朝代，但就經濟和社會繁榮的程度而言，宋朝確是中國歷史上最具人文精神、最有教養、最有思想的朝代之一。

有意思的是，如果把中國兩千多年的封建帝制對折一下，宋朝正好處在中間點上。很多史學家相信，在這個對折點的唐宋之交發生了一場「唐宋變革」，中國歷史從「中世紀的黃昏」轉入「近代的拂曉」。

日本史學家內藤湖南在十九世紀末最早提出這一觀點，「唐代是中世紀的結束，而宋代則是近世的開始」。

美國孟菲斯大學教授孫隆基進一步闡釋：「在我們探討宋朝是否是世界『近代化』的早春時，仍得用西方『近代化』的標準，例如，市場經濟和貨幣經濟的發達、都市化、政治的文官化、科技的新突破、思想與文化的世俗化、民族國家的成形，以及國際化等。這一組因素，宋代的中國似乎全部齊備，並且比西方提早五百年。」

理想王朝

復旦大學文史研究院院長葛兆光提出，「唐文化是『古典文化的巔峰』，而宋文化則是『近代文化的濫觴』」。這兩者間的區別，用一種較為簡單的方式來概括，就是從唐到宋，有「平民化、世俗化、人文化」的趨勢。

從唐到宋都市景觀的明顯變化，最鮮明地反映了這一趨勢。唐代長安城坊格局井然，「坊」是居住區，四周有圍牆，有兩門或四門供人進出。一般人不准鑿牆開設私門，也不准朝大街開設店鋪；「市」是交易區，日中擊鼓兩百下開市，日落前擊鉦三百下散市。宋代都城開封和臨安則廢除了坊市分割，允許面向大街開店，與民居混雜毗鄰。城市居民「坊郭戶」第一次被列入國家法定的戶籍管理分類。西元九六五年，宋太祖把宵禁開始時間推遲到凌晨一點，之後完全取消，出現了通宵達旦的夜市。

兩宋時期，文學重心逐漸下移，市民文化勃興。文學體裁從詩文擴大到詞、曲、小說，與市井有了更為密切的關係；創作主體從士族文人擴大到庶族文人，進而擴大到市井文人；文學的接受者擴大到市民以及更廣泛的社會大眾。

隨著都市經濟的發展，市民階層興起，世俗文化大放異彩，在道路通衢、瓦子勾欄，有說書的、雜耍的、講史的，也有街頭的飲茶活動。這個時候的中國，是世界上城市化水準最高的社會。

「平民化、世俗化、人文化」趨勢更深刻的背景，是一個新的階層——士大夫階層的出現。兩宋時期，偃武修文，於是一個更加龐大的文官體系出現了。透過科舉制度，一大批出身更多元化的士大夫階層，逐步占據了貴族留下來的真空。兩宋時期的社會流動，使得「寒俊」崛起。

范仲淹，年輕的時候在山寺裡面讀書，帶去的米不夠煮飯，只能熬粥，這鍋粥凝結以後要切成幾塊，分幾頓來吃。歐陽修，家裡沒錢買紙筆，他母親教他寫字，是拿著蘆葦稈在沙地上畫的。然而，這些人後來不僅是一流的學者，也是出色的政治家。據統計，北宋時，科舉出身的官員占官員總數的40%，而在唐代，此一比例只有15%。處在國家和民眾之間的士人階層，也是文明擴張中的重要一環。

在朝為官的人畢竟是少數，更多受儒家學說薰陶的士人滲透到民間，透過家規、家禮、族規、鄉約之類的規定，透過祭祀儀式中的說唱，甚至是曲子唱詞，將知識、思想與信仰迅速傳播，從上層到下層，從中心到邊緣。這些在鄉不仕的士人也是文化的旗手，其「游於藝」的修養和美學趣味，在「志於道，據於德，依於仁」整體的精神追求中獲得提升，「風雅」遂成宋代的一時之風。

可以說，相較於中國歷史上的其他朝代，宋朝是最接近儒家治世理想的王朝。在佛教和道教的衝擊下，宋代的儒學思想家們開始重新認識和理解古典思想，挖掘出儒家思想中蘊含的人文主義和理性精神，而且在此一過程中融入佛教和道教的教義，使儒學理論更加平易近人，也因此真正深入到日常事務和私人生活。到十三世紀，儒學不僅是有教養的上層階級的行為準則，也在中國歷史上第一次成為國家正統的意識形態，[1] 進而重塑了整個社會，形成「傳統中國」的典範。

---

1 在此之前，如漢朝，儒學只是上層階級的行為準則之一。到了宋朝，儒學才在政治、思想、文化、教育、社會等層面形成全面的國家意識形態。

誠然，在元朝統一中國以後，宋所代表的「近代化早春」就中斷了，歷史發生某種程度的回潮。不過，從近代「人心」、「政俗」來看，無論是政治理念、思想文化方面的創新還是因循，宋代帶來的影響都深深地滲透在中國社會的肌體之中。

特別是儒家的復興。許多脫胎於宋代儒家思想的社會準則和價值觀念，在之後的漫長歲月中，加速促進了中國社會的變革。而其中不少具有民族典型性的文化特徵，時至今日，依然熠熠生輝。

極簡美學

今天的人們為什麼愛宋朝？正如陳寅恪先生所言：「華夏民族之文化，歷數千載之演進，造極於趙宋之世。」

「穿越到宋朝」的路徑，或者說，今天與宋朝的連接點，是一種「生活美學」。

一方面，是當今的生活和藝術正發生「審美的泛化」、「生活藝術化」，與此同時的「藝術生活化」，使藝術與生活的界限日漸模糊。追本溯源，中國本土的思想傳統裡面，藝術與生活、創造與欣賞從來都是內在融通的，中國古典美學就是一種活生生的「生活美學」。

另一方面，則是「審美的升級」，部分由日本美學傳遞而來的大樸若拙的「侘寂之美」[2]、「匠人精神」，都能在宋代器物中找到源頭，而宋的極簡風格，又能和當代藝術精神相契合。

所以，當我們向自身文化尋找，無論是中國傳統文化和審美的高峰，還是藝術與生活通融的生活美學源頭，都當推宋朝。特別是宋代士人的修養和美學趣味，透過儒家思想的一脈相承，一直為後世所追慕。誠如中科院文學所研究員揚之水所說：

> 兩宋是培養「士」氣的時代，此前形象與概念尚有些模糊的「文人」、「士大夫」，由此開始變得清晰起來。政治生活之外，屬於士人的一個相對獨立的生活空間，也因此越益豐富和具體。撫琴、調香、賞花、觀畫、弈棋、烹茶、聽風、飲酒、觀瀑、採菊、詩歌和繪畫，攜手傳播著宋人躬身實踐和付諸想像的種種生活情趣。

2 侘寂，在日本美學中，一般指樸素安靜之事物。這個概念源自小乘佛法三法印，即諸行無常、諸法無我、涅槃寂靜。日本戰國時期，著名茶人千利休創造「侘び茶」，將茶之美與精神修煉之道融合，達到「外表粗糙，內在完美」的境界。侘寂，強調描繪的就是殘缺不滿之美，樸素寂靜之意，謙遜自然之道。

追尋宋朝：士與器的黃金時代

宋代是一個讓人心馳神往的時代。今日大眾對宋朝器物的追慕，固然有物以稀為貴的心態，更多的卻是對那個士的黃金時代所呈現的精神世界的嚮往。當然，宋代的文人氛圍也有強烈的吸引力

本篇作者賈冬婷。

花、香、畫、茶、瓷器，雖然都不是宋人所創造，卻是由宋人賦予了雅的品質。換句話說，是宋人從這些本來屬於日常生活的細節中提煉出高雅的情趣，並且因此為後世奠定了風雅的基調。

四般閒事：香、茶、畫、花

二○一六年初，一場名為「閒適與雅器」的展覽在北京大學賽克勒博物館舉辦，展品來自香港泰華古軒主人麥浦泰收藏的二八○件器物，上起唐代，下迄明代，尤以宋代為大宗，品類以瓷器為主，包括茶器、酒器、花器、香器、文具。持續的觀展熱情讓策展人、北京大學考古文博學院教授秦大樹始料未及。今日大眾對宋朝器物與生活的嚮往可見一斑。

麥浦泰收藏宋代瓷器，是從喝茶開始。因為喜歡喝茶，他將收藏的目標鎖定在茶器，集中於宋代也就自然而然。他表示：「宋代瓷器的造型簡潔、流暢，沒什麼裝飾，也不強調色彩，一般都是單色釉，沉靜、簡淡。在我看來，正象徵了傳統士大夫的精神操守，

北宋 耀州窯青釉人物誦經形茶壺 泰華古軒藏

北宋 鳳凰壺 吉美博物館藏

跟當代藝術所強調的簡約也不謀而合。」

從茶器而深入，他發現宋人的生活態度十分迷人，雖然生活時有動盪，但他們的內心始終有所追求，注重個人的生活品質和修養，所以在瓷器上也就產生許多趣味和靈氣。比如一件河南當陽峪絞胎八方菱口缽，缽的口沿並不是嚴整的圓形，而是微微有些變形，品相似乎不夠完美，但從中可以看到隨意和自由。這才是那個時代閒適精神的真實體現。

關於宋代瓷器的時代精神，英國藝術史家邁克爾・蘇利文曾論述：「我們今天推崇備至的宋代藝術是由社會和知識菁英階層生產和製造，也是為他們服務的。這些知識菁英可能比中國歷史上任何其他時代的知識分子都更有修養，為他們所製造的陶瓷也反映了他們的品味。……六朝時期曾經出現的感性和想像的空間，在唐代樂觀主義的主導情緒下曾經一度喪失，到宋代重新被發現。」

最能代表宋人文化趣味的，莫過於「四般閒事」。南宋文人耐得翁曾在《都城紀勝》裡記錄：「凡四司六局人只應慣熟，便省賓主一半力，故常諺曰：燒香、點茶、掛畫、插花，四般閒事，不許

北宋 定窯白釉帶碗執壺一套和刻花台盞一對

戾家。」閒，似是談論時間的寬裕，實則強調心境的優裕。品茶燒香，均早已有之，但宋人所做的四般閒事，強調的是細細地做，富有儀式性，從原料備製的過程到呈供時刻的儀節，從器具到場合，細枝末節，無不講究。

四般雅好，既各有講究與儀規，又緊密相連，祭祀有茶酒並進的儀式，生活中的品茗則無香不幽，無花不雅。素手焚香，青煙嫋嫋繚繞之際，細品香茗，而觀古今妙手之丹青，四季更迭之花卉，自有一番清雅之氣。宋時詩文之中多香、茶、花、畫之記，宋代文人畫中也常見諸般閒事的影子。蘇軾云：「焚香引幽步，酌茗開靜筵。」借香、茶而尋得「禪意」。而品茗、焚香之事又與時人的琴棋書畫等活動相通，與筆墨紙硯等文具相配。正如北宋韓駒〈六月二十一日子文待制見訪熱甚追記館中納涼故事漫成一首〉一詩所云：「陰陰檜色連宮草，寂寂棋聲度苑牆。細乳分茶紋簟冷，明珠擘芡小荷香。」陸游〈入梅〉詩則記：「墨試小螺看斗硯，茶分細乳玩毫杯。」詩畫之中的諸般閒事，托情寄意，更見性靈氣度。

作為「四般閒事」載體的一件件器具玩物，自然也得幽意風韻，成為宋人「閒事」意境中不可缺少的一部分。茶酒花香之器在宋代各有專用，出現了許多特定的器形，各種雅事所用器具隨時間的推移，茶酒飲用方式的變化，造型、紋飾和器物組合上都有變化。

煎茶與點茶，是兩宋時期的飲茶方式。煎茶是將細研作末的茶投入滾水中煎煮，為陸羽在《茶經》中所倡。對宋人來說，煎茶是古風。有詩云：「岩邊啟茶鑰，溪畔滌茶器。小灶松火燃，深鐺雪花沸。甌中盡餘綠，物外有深意。」煎茶的指標性用具是風爐、銚子。晚唐五代時期，多有成組的煎茶具出土，與《茶經》所記大體相合，宋代時就少見了，但在承襲唐制較多的遼代墓葬壁畫中，煎茶場景還時有發現；定窯、耀州窯北宋時期的作品還有一些銚子、茶鐺、茶碾的實例，南宋時期在東南沿海地區，特別是閩南地區亦有相關器物出土，但只是區域性的飲茶方法了。

點茶法興起於晚唐，是兩宋時代最為流行的飲茶方式。做法是先取茶末在茶盞中調膏，然後用滾水沖點。與煎茶多用於二三知己的小聚與清談不同，點茶多用於宴會，包括家宴，也包括多人的雅集。由點茶而衍生的鬥茶，是兩宋茶事中的盛事，而鬥茶所鬥者，正是點茶注湯擊拂時在盞面產生的白沫，賦予美稱「乳花」或「浮乳」。

作為時尚的點茶，高潮在「點」，當然要諸美並具——茶品、水品、茶器、技巧，點的「結果」才得以有風氣所推重的精好，而目光所聚，是點的一刻。據記載，宋徽宗賜茶，曾親自注湯擊拂，使「浮花盈面」，足見這位藝術家皇帝對點茶法的愛好和提倡。

因此，點茶用具與煎茶用具的不同，一方面呈現在煮水器具的不同：點茶用湯瓶，不用銚子；湯瓶煎水，一般也不取風爐，而多用燎爐；再來就是「擊拂」所用的茶筅或茶匙，是煎茶所沒有的器具。另一方面，由點茶而生的茶器還有利於「注湯」的長流瓷注壺。宋徽宗《大觀茶論》對注壺有特別的記載：「注湯害利，獨瓶之口嘴而已。嘴之口欲大而宛直，則注湯力緊而不散；嘴之末欲圓小而峻削，則用湯有節而不滴瀝。蓋湯力緊則發速有節，不滴瀝，則茶面不破。」這種身形修長的注壺與托盞，成為宋代最具代表性的茶具。值得一提的是，點茶當中還特別注意飲茶用碗盞的品質，黑釉盞有利於「浮乳」的保持和留痕，白釉和青白釉的盞則利於觀察茶色。

茶具之外，就是酒具了。宋元酒具既見證了可為市井酒肆清沽酣飲的恣意閒情，也成就了文人士林對月和風的書齋雅趣。按日用小百科《碎金》一書所記，其時酒具品目繁多，計有樽、榼、勸盞、勸盤、台盞、散盞、注子、偏提、盂、杓、酒經、酒罌、馬盂、屈巵之屬，其中尤以梅瓶、玉壺春瓶、注子、各類盤盞、馬盂最為典型，其代表的成套瓶盞的精巧酒具組合，正與《草木子》所記筵席排桌之規一致，所謂「置壺瓶、台盞、馬盂於別桌，於兩楹之間」。

這些酒具大體可以分為三類：儲酒具，包括各類大罐、經瓶、梅瓶等；分酒器，包括兩小類，樽與勺，以及注壺或玉壺春瓶；飲酒器，包括《碎金》所說的勸盞、勸盤、台盞、散盞，以及馬盂、屈巵之屬。瓶壺盤盞既是清沽小酌的日用品，也在禮制儀軌中扮演著重要角色。隨侍分持玉壺春瓶與勸盞並盤，傾酒滿盞，跪而獻進，是《事林廣記》中元代「把官員盞」條所記常行之禮；而酒具與茶具的組合，則是宋元祭祀場合奉茶進酒儀制的縮影，代表了宋元時期墓葬裝飾或隨葬品十分流行的一種搭配模式——茶酒之祭。

接下來就是花具，瓶花之制的出現，可上溯至魏晉時期的佛事供奉。至宋代，無論是花瓶樣態的豐富，使用人群的廣泛，還是社會功能的多樣，都前所未有。瓷瓶多由晉唐宗教、日用壺罌襲用而來，有高矮兩式梅瓶、膽瓶與長頸花瓶樣式，代表了當時怡心適用、品味日常的精緻生活中的美學，是北宋時期花瓶的主要瓶式。而銅瓶與瓷器中仿古代銅、玉器具式樣的瓶，以及部分其他材質的花瓶，多追仿三代、秦漢尊彝古器，可視為宋以來禮制循古與文化復興的另一支流，在南宋時期盛行。

使用的通常情況是，花香之事並提、瓶爐之具共存，且沿著上述兩條文化軌跡並行發展，形成了相對固定的組合形態：花瓶成對，是為神祇、祖先尊像前的香供祭奉，一爐二瓶的「三供」即屬此類，明代以後又發展成「五供」；花瓶獨陳，多躋身文人書齋蹴香插花的清玩雅趣，既與香爐、香盒、匙瓶構成「爐瓶三事」的陳設組合，更與硯滴、筆山、畫軸等文玩用品伴出，共同營造出充滿文士之風的裝飾空間。

最後是香文化，始於春秋戰國的貴族熏香，漢魏隋唐發展為焚香，到了宋

北宋—金　磁州窯白釉剔花纏枝牡丹紋長頸瓶
泰華古軒藏

代，則為品香。品香是文人和士紳們清雅閒適生活的重要環節，與品茶、插花相映成趣，香爐的式樣也更加豐富，數量眾多，幾乎所有的窯場都有生產，且都是各窯精緻的產品，足見北宋時期香事之盛。

大型香爐在北宋以前多為金屬器，小香爐與書室布置相關，一爐沉香成為書桌上必備之具。這類小香爐造型豐富，北宋時流行高足杯式的爐形與筒形爐，金代、南宋時大量出現三足鼎、鬲式爐。這種用於品鑑沉香的小爐在精研製作香材之外，派生出成套的香具，包括香爐、帶有香箸和香鏟的箸瓶及數量不等的香盒，構成了品香必備的所謂「爐瓶三事」，還有隔香用的銀葉或雲母片。正如北宋詩人楊萬里在〈燒香七言〉中所描述的極具技巧的品香場景：

琢瓷作鼎碧於水，削銀為葉輕如紙。
不文不武火力勻，閉合下簾風不起。
詩人自炷古龍涎，但令有香不見煙。

宋瓷收藏家、香港泰華古軒主人麥浦泰許多年前入手了第一只建盞，他常會拿出來喝茶。他欣賞這些器物的美，更對這些器物在日常生活中的呈現感興趣，也據此構建了自己的收藏體系。這些器物與生活的關係，就像陸羽曾經努力使茶事成為一種藝術，一種境界，兩宋士人則把懸浮著的藝術和境界化為日常，而依然可以用「物」來承載屬於自己的「文」。

收藏宋朝

宋朝熱是從什麼時候開始的呢？反映在收藏和拍賣市場上最為直接，尤其是宋代藝術公認的兩大高峰——宋瓷與宋畫。宋瓷熱的導火線是二〇一三年九月的一次傳奇拍賣。當時紐約蘇富比拍賣了一件定窯的刻花小碗，委託人是個美國人，據說這個碗是他在家附近的跳蚤市場以三美元買來的。結果這個區區三美元的小碗竟然拍到兩百多萬美元（相當於台幣六千多萬），收藏圈一時譁然。一是它成本太低了，等於發了一筆橫財；二是大多數業內人士對它的估價並不高，還不及拍賣價的一半。

在此之前，每隔兩三年也會有一件宋代瓷器出現在拍賣市場上，並以一個很高的價錢賣出，但業內公認為是「獨立事件」。比如二〇〇八年，香港蘇富比拍賣了一件有「玉津園」落款的宋代官窯紙槌瓶，得標價是港幣 6752.75 萬（相當於台幣兩億六千多萬），當時可是一筆鉅款。

二〇一二年，香港蘇富比拍賣了一件汝窯洗，創出 2.3 億港幣的高價，也令人驚愕。但因為宋瓷存世量稀少，加上買家炒作及古陶瓷交易監管等原因，真正能夠在拍賣市場上交易的更是鳳毛麟角，個別「天價」宋瓷是游離於市場環境之外的。

以二〇一三年那件傳奇的定窯刻花小碗為導火線，定窯熱瞬間被點燃。隔年（二〇一四年）春拍現場，另一件「天價」定窯宋瓷出現。當時蘇富比上拍了一件由日本收藏家阪本五郎所藏的克拉克舊藏北宋定窯大碗，最終以1.468億人民幣（相當於台幣六億八千多萬元）成交，創下宋代瓷器拍賣的歷史第二高價。以前定窯連上兩千萬人民幣的都沒有，沒想到這個碗一下子就賣出一億多元。他認為定窯熱不是偶然。在宋代所謂「五大名窯」——汝、官、哥、鈞、定之中，定窯數量最多，最容易見到完好品，這也是市場升溫的一個條件。以定窯為引線，宋瓷熱向各個品種蔓延[1]。

最近幾年，有兩件事在拍賣市場上產生巨大的影響，進一步推動了以宋瓷為主的宋代文物收藏熱。一次是由香港邦瀚斯二〇一四年推出奉文堂瓷器專場。器物的主人是香港非常著名的收藏家陳淑貞女士，她一生以經營古代文物為主，但在拍賣前不幸染病亡故，這場就成為她的遺藏瓷器拍賣。因為來自一位老收藏家幾十年的收藏，來源可靠，估價也合理，當時就拍得非常好。這種好，不是說有什麼上億的名品，而恰恰是裡面賣的大都是中檔藏品，大家都能摸得著、買得著。而且陳淑貞女士收藏的瓷器類型廣泛，涵蓋了各個窯口、各個品類，讓各個層次的收藏家都參與其中，親身感受到購買宋代文物的熱情，由此催生

1 五大名窯來源（因柴窯未發現，故以鈞窯補）：

內庫所藏柴、汝、官、哥、鈞、定名窯器皿，款式典雅者，寫圖進呈。

——明《宣德鼎彝譜》

吾華製瓷可分三大時期：曰宋，曰明，曰清。宋最有名之有五，所謂柴、汝、官、哥、定是也。更有鈞窯，亦甚可貴。

——清，許之衡《飲流齋說瓷》

了市場的一次熱潮。

另一次是二〇一五年的佳士得秋拍，推出日本收藏家臨宇山人的宋瓷專場，這次拍賣的品質和等級都比奉文堂高，反應也很熱烈。恰逢其時，嘉德、保利等公司都在香港開設分公司。畢竟香港的法律規範、文物交易的自由度相對更高，市場也就更熱。

二〇一七年，香港蘇富比秋拍，以2.9439億港幣（約台幣11.5億元）售出聯電榮譽董事長曹興誠收藏的「北宋汝窯天青釉洗」，創下天價。

如果再向前追溯，對宋代器物的收藏，是從明代開始流行的。晚明時期，很多文人的「清玩」類著作，如《遵生八箋》、《骨董十三說》，都會寫到瓷器，追求的都是宋瓷。明宣德、成化年間的瓷器也珍貴，但最好的還是宋瓷。現在的「五大名窯」概念，曹昭《格古要論》裡所說的「五色花者，且俗甚矣」收藏觀念，也是在明代後期才形成的。

清代也是一個收藏宋代文物的高峰，尤其是盛世的康雍乾時期。乾隆皇帝本人就留下很多宋代文物收藏，可以說是古往今來第一大收藏家，尤其青睞宋代文物。最有趣的例子，就是我們今天能在不少宋畫上看到乾隆皇帝的塗鴉，清代內府所藏的一些宋代的汝窯和官窯上面，也都刻有乾隆皇帝的詩句。

北宋 汝窯天青釉洗
蘇富比官網

晚清民國時期，宋瓷仍然是收藏熱點，有句話叫「家有良田萬頃，不及宋瓷一片」，可見其受追捧的程度。民國戰亂不已，收藏式微，直到二十世紀八〇年代才逐漸恢復。九〇年代後期，中國大陸的收藏圈漸成氣候，形成一股宮廷文化熱。

由於清代在時間上離現代最近，且清代有很多御用文物流傳下來，大家都知道它很名貴，一般沒有太多資訊障礙。宋代的文物，其實社會上也有很多，一般稱「老窯」，但因為中國的法律規定宋代和宋代以前的文物，如果不能說清楚合法來源，沒法證明它是一九四九年以前出土的，或者曾流失海外，就不能進行合法公開的拍賣交易。

不過宋瓷收藏在海外一直延續。瓷器最初在西方人眼中沒有文物的概念，是高級的貿易品和奢侈品，歐洲貴族流行用中國的青花瓷來喝肉湯、喝咖啡，所以今天所見的歐洲早期收藏都是外銷瓷。

海外開始收藏宋瓷這類高檔古文物，是在清政府滅亡之後，各國列強在中國各地修鐵路的過程中發現大量的古墓，於是很多出土瓷器就流失出去了。當時有個很重要的推手，英國收藏家尤莫弗普洛斯，以收藏中國文物聞名。一九二一年英國最有實力的十二名收藏家和學者組成了東方陶瓷協會，他被推選為首任會長。最早就是在他的影響和宣導下，西方開始收藏中國有歷史年代的重要文物，包括出土的宋瓷。他在一九三九年去世，將自己生前收藏的三千件中國珍貴古畫、金銀器、瓷器等都捐給了大英博物館。

在尤莫弗普洛斯最有影響力的年代，恰好也是一位日後更有影響力的收藏家大威德爵士成長的時期，他是中國瓷器收藏家躲不開的人物。一九二四年，大威德來到中國，出資幫助剛成立的故宮博物院辦展覽，他也在這個歷史關口真正體會到皇家的宋元明清瓷器收藏的品味和格調。幾年後，天津鹽業銀行準備出售溥儀一九二四年出宮時抵押的清室珍寶，他立即決定購買；這批器物裡面包括刻有御題詩的宋代汝窯、官窯、定窯等瓷器，奠定了他宋代文物收藏的基石，比如傳世不足百件的汝窯瓷器，大威德就有七件精品，是除台北故宮博物院和北京故宮博物院之外的世界第三大藏家。

宋瓷在海外另一個流向是日本。受唐宋文化影響深遠的日本對宋瓷推崇備至，在日本列為國寶的陶瓷有十四件，其中八件都是中國陶瓷，包括四件宋建盞，三件宋元時期龍泉瓷，一件南宋吉州窯瓷。大約從十三世紀後半葉，開始出現一些高檔器物，當時把從中國進口的商品稱為「唐物」，日本曾在一高階武士墓中出土大量高檔青瓷。二十世紀七〇年代，在朝鮮半島西南部新安海域發現了一艘中國元代沉船，一共打撈出兩萬多件文物，其中有近千件是宋瓷。學界普遍認為這艘船是從寧波出發前往日本的。

清代以後，收藏界一直存在「明清」和「宋元」兩大歷史高峰的更替現象。固然有人喜歡絢麗大氣的皇家風範，專門收藏明清宮廷文物，但也有人喜歡宋瓷，迷戀那種天然恬淡的藝術感染力。

八〇年代末期以來，明清文物收藏雖占據了絕對主導，而今興發的「宋瓷熱」，也可以說是一種自然回歸。

如今宋瓷熱的一個助推器，是茶文化。大家對喝茶越來越講究，為一餅普洱茶不惜花費，更別說一個更有格調的茶杯。另一方面，大家在茶道和花道等生活美學上受日本文化的影響。日本茶道承自唐宋，抹茶法其實就像宋代飲茶法，所以現在用建盞來喝茶，茶席上用青瓷來插花，就變成很時髦的事。二〇一六年九月，一個建窯油滴天目盞拍了近八千萬人民幣（相當於三億兩千萬台幣），這在以前也是無法想像的。

中國嘉德拍賣公司陶瓷部前總經理劉越以他自己收藏的一個吉州窯黑盞為例，看上去並不名貴，不屬於難得一見的曜變、鷓鴣斑或者兔毫盞，還有點修補痕跡，但在劉越眼裡是非常特別的。因為上面的一道道印痕，是用茶筅反覆摩擦所留下來的，完整地保留了宋代茶道的痕跡。他覺得這個茶盞一定是當時用來做茶道展示的，才會留下如此清晰的擊茶痕跡。這樣的痕跡，將人帶入「鬥茶」的場景想像中——茶筅攪拌下，茶湯洶湧旋轉，待水平穩後，茶湯表面和杯壁之間會形成白色水痕，在黑色茶碗襯托下格外分明。

日本美學講究侘寂之美，這也是禪宗的理念。在宋代，烏金釉的茶盞最是名貴，宋徽宗在《大觀茶論》裡也提到，「盞色貴青黑」，這種黑釉瓷本身就是侘寂的體現，我們今天透過日本的茶道重新發現了宋代的美學精神。

宋瓷讓人著迷的另一個原因，或者說它的另一種精神，是它對上古精神的追慕。上古精神指青銅文化和古玉文化，宋代的很多瓷器造型上都模仿了古代青銅器或玉器，比如貫耳瓶、琮式瓶這類，釉色也要追求玉器的清白質感。

上古精神的典型代表，也是位居宋瓷「五大名窯」之首的汝窯。汝窯瓷器胎體薄，淡天青色釉，大多數器物都是裹足支燒，就是底部滿釉，芝麻掙釘，還有冰裂紋片。關於汝窯的興起，在南宋人葉真所著的《坦齋筆衡》中有一段記載：「本朝以定州白磁器有芒，不堪用，遂命汝州造青窯器，故河北唐、鄧、耀州悉有之，汝窯為魁。」這段文字說明北宋時幾個窯口都燒造青瓷，汝瓷的釉色被認為最理想。但呂成龍並不認同其中所說「棄定用汝」的原因，「『有芒』就是瓷器口邊沒有釉，但作為至高無上的皇帝，完全可以下令燒造口邊沒有『芒』的瓷器」。

天青釉汝窯主要燒造於宋徽宗時期，與宋徽宗的審美趣味有關。宋徽宗是位道君，他對道教的崇拜達到了痴迷的程度。道家以樸素為美，講究返璞歸真，天然去雕飾，老子說：「五色令人目盲，五味令人口爽，五音令人耳聾。」汝窯輕薄如嵐的釉色正應和了道家的審美。

汝窯的這種天青色與其他青瓷又不同，比如耀州窯是一種橄欖綠，越窯是一種青綠，龍泉窯是一種透明度特別高的梅子青，宋徽宗都不喜歡。這種介於綠與藍之間的天青色不易燒造，是一種半生燒，溫度一高，就變成透明的青綠色；溫度稍低，過於生燒，就會發白，質感出不來。而且胎體又比較薄，廢品率很高，有「十窯九不成」之說。北宋滅亡之後，因宋徽宗而登峰造極的汝窯就再也沒有燒製過，史學家認為汝窯不過興盛了二十年。也因此，汝窯傳世不足百件，北京故宮博物院擁有其中的二十件。如果要指出一件最理想的汝窯器物，那一定是北京故宮的汝窯三足樽。它是清宮舊藏，無論顏色、開片，都達到了最理想的狀態。

中國嘉德拍賣公司陶瓷部前總經理劉越感嘆，他看過那麼多宋代瓷器，從沒見過一件完美無缺的，多多少少都有些小毛病，但這不是關鍵，關鍵是宋瓷整體上呈現的一種美學精神，有獨到的感染力。某些唐代陶瓷可能更強壯，清代陶瓷可能更精良，但宋代陶瓷則具有形式上的古典純潔感，釉色上展示了早期陶瓷的活力和晚期陶瓷的精良之間的完美平衡。

用今天的眼光看，宋瓷的美學取向——質樸、簡約、抽象，正與當代藝術精神相契合。宋瓷器形樸素，都是單色：一是青瓷，汝、官、哥、鈞都屬於青瓷；二是白瓷，定窯就是白瓷類，包括山西、河北等一些窯口；三是黑瓷，分布在河南、山西、山東廣大北方地區，還有南方地區的吉州窯、建窯等。如今的年輕藏家見多識廣，審美能力提升了，自然開始從元明清的繁複美學，轉向宋代的簡約美學。

宋 汝窯三足樽

一頁宋紙一兩金

縱觀藝術史，宋代藝術的另一座高峰，是書畫。與宋瓷相比，宋畫傳世更少，所謂「一頁宋紙一兩金」。受「紙壽千年」所限，唐及以前畫作流傳至今不足百件，宋畫是存世相對成規模的最早古畫。但歷經千年變遷，宋畫所餘者也十不存一，近二十年現身中國拍賣市場的只有十幾件，每一件都是天價。

一八九〇年到一九二〇年大約三十年時間，是西方收藏中國藝術的黃金期。其中，被認為是代表東方黃金時代——唐宋時期——的理想化藝術作品最受歡迎，宋代山水畫更是重中之重，日本、歐洲和美國的公共博物館及一些私人藏家展開了激烈爭奪。正如當時美國大收藏家查理斯・朗・弗利爾寫給一位中國代理人的信中所說：「我只購買宋朝及更早時期的繪畫。」

一生致力於中國藝術史研究的美國耶魯大學藝術史系榮休教授班宗華（Richard Barnhart）表示，他二十多歲在舊金山的展覽上第一次看到北宋畫家范寬的「溪山行旅圖」，從此改變了他的人生，開始深入研究中國古代繪畫。美國藝術史學家高居翰也認為，宋代藝術最突出的成就，就是「外師造化，中得心源」的山水畫。另一大突破是北宋中後期興起的文人畫，以蘇軾、文同、黃庭堅、李公麟、米芾為先驅，他們即興創作，追求得意忘形的境界，從他們開始，「替繪畫開啟了一種類似寄情寓興的功能」。

西方學者對中國繪畫有一個固定的看法，認為其活力與創造力在宋代達到了頂點，之後便開始衰落，甚至提出宋代之後是「中國繪畫史的終結」。畢生致力於中國藝術史研究的美籍漢學家高居翰（James Cahill）便將兩千餘年的中國繪畫史分為三個時期，第一個時期是從秦漢一直到南宋末，是中國繪畫的「歷史時期」。在這個時期，中國繪畫的風格處於不斷進步之中，直到南宋末，描繪自然世界的風格與技術達到高度成熟的階段。第二個階段從元代開始，有了一個巨大的轉變，因為近乎無法超越前代，畫家們轉而追尋前代大師的足跡，這個階段從十四世紀一直持續到十八世紀，是「後歷史時期」。第三個階段，從十八世紀一直到二十世紀，中國繪畫繼續回到前代繪畫風格，但是不再如元、明繪畫那樣充滿意義，是「後後歷史時期」。

「中國繪畫史的終結」始終存在爭議。而宋畫就像「原點」一樣，很多時候必須回到那個典範時代。今人對宋畫的認識還是朦朦朧朧的，大多數畫畫於何時，是誰畫的，都不清楚；為什麼畫，更不清楚。

比如美國大都會藝術博物館收藏的一幅傳為五代宋初畫家董源所作的「溪

岸圖」，引發的真偽之辯已經持續了十多年之久，至今仍無定論。高居翰和日本專家古原宏認為這是張大千的偽作；而同為中國藝術史學者的班宗華、方聞（Wen C. Fong）一派，則堅持認為是董源真跡。「從五代宋初到民國，一下子差了將近一千年。」

那我們該如何觀賞宋畫？因為有資訊盲點，從風格入手會存在很大主觀性，可嘗試與宋人的生活方式結合。比如巨幅山水畫，很多史料表明，當時是作為室內裝飾使用的。一個典型場景是，北宋宮廷之中翰林學士聚會之地玉堂的三面牆上裝飾了董源繪製的山水、雲霧等巨幅圖像，背面牆上的中間位置是巨然的山水畫，在皇帝座位的後面是郭熙繪製的屏風。然而遺憾的是，現今保存下來的北宋山水僅僅是從屏風截取的幾幅圖畫，並裝裱成為立軸形式。

宋代社會風氣自由，可與今天相對照，比如旅行，可以透過集壯麗與靜寂於一體的行旅主題山水畫來解讀。如郭熙在《林泉高致》[2]中所說：「看此畫令人生此意，如真在此山中，此畫之景外意也。見青煙白道而思行，見平川落照而思望，見幽人山而思居，見岩扃泉石而思遊。」他認為，宋畫最大的特徵是現實主義，不是說每一塊石頭、每一棵樹都「寫實」，而是在格物精神影響下對現實的認知能力，這種能力只有透過對自然進行徹底的研究才能獲得。呈

2 此書為北宋畫家郭熙之子郭思收集其父的繪畫理論，以及關於郭熙的一些事蹟，集結成書。相當程度可以視做郭熙本人的畫論。

現在畫面上，就是一個蘊含豐富細節的世界，甚至可以進入博物學範疇，使觀者達到人在畫中、物我兩忘的境地。

前陣子網路上有幾幅有趣的「穿越畫」引起廣泛討論。畫面是哆啦A夢和大雄透過時光機和任意門穿越到中國古代山水畫中。趣致的卡通形象，古意森然的背景，兩者的反差和融合讓人會心一笑。更有意思的是作者王赫，是北京故宮博物院古書畫複製師。

王赫是七年級生，因為工作的關係，總是可以和古代大師的作品打交道，樂在其中，但是一跟同齡人聊起這個，大家就覺得雲裡霧裡的。帶人看畫也是，如果在展廳看到一幅宋畫，大家就會覺得很有距離感，會猜想這畫很貴吧，卻往往忽略了畫面本身所傳遞的內容，而且畢竟是一千年前的東西，也存在文化的鴻溝。

於是他想搭一座橋樑，讓七年級

王赫 星座系列——仙女座 創作源自宋佚名「赤壁圖」

甚至更年輕的一代進入宋畫，遂嘗試把現代敘事加入宋畫中，讓大家慢慢看進去。王赫先是把哆啦A夢放入一張宋畫，因為容易引起共鳴。

一個典型場景是，古代山水背景成為哆啦A夢主角們的樂園，大雄們在這裡打棒球。王赫告訴我們，這其實也是七年級這一代人心裡的樂園。慢慢畫下去，他也不再過分強調卡通形象，而希望這只是一個媒介，讓今天的年輕人覺得似曾相識，關注自己之前沒有興趣關注的東西。

他最常選用的背景是宋代山水，因為中國山水畫公認的高峰就在宋代，宋代也是一個讓人心馳神往的時代。王赫認為，相較於其他朝代，宋代是最世俗化的，看〈清明上河圖〉也會發現，有熱鬧繁華的夜市，有買賣商人，都令人感到熟悉，很多情感是和今天相通的。另外，宋代的文人氛圍也有強烈的吸引力。宋代山水相對於人物來講比較壯闊，王赫於是將卡通人物塑造得比較小，以此來合乎宋代的山水範式。

古畫再創作是王赫的業餘興趣，他的日常工作是複製古書畫，這也是一種保護手段。他告訴我們，因為承載古書畫的宣紙和絲絹都屬於有機質，時間長了會老化甚至碳化，以後就很難保存了，只能透過複製，讓它們久遠地流傳下去。天天從古代大師作品中汲取養分，王赫在業餘創作中也堅持傳統的繪畫技法，不願意用速食式的電腦繪畫。他說，這就像特別嚴肅地在講一個笑話。「雖然只是個笑話，但它有嚴肅的價值。」

比如宋徽宗有一張名畫——祥龍石圖卷，似乎從傳說中這位君王營建的園林空降而來。王赫把這塊石頭放到一幅清代風格的山水畫中，敘事就有了幾重時空的穿越，讓人聯想到宋徽宗當年濫徵花石綱，導致國家動盪，自己也為金人所虜。畫面看上去很輕鬆，其實蘊含很多深意，就看觀畫者能挖掘到多少了。

至少，一個現代符號可以讓今天的年輕人開始去了解這塊石頭，進而進入宋代的歷史場景中去。

《東京夢華錄》：宋代生活的時空門

這是一部研究宋代日常生活的重要文獻，翻開它，猶如打開時空門。即便用現在宜居城市的眼光去看，它的各項指標也是具備的：商鋪酒店林立、南北美食應有盡有、夜生活豐富、藝文活動每日上演。孟元老的字裡行間，為我們呈現的是一座購物之都、享樂之都。

本篇作者楊璐。

《東京夢華錄》是研究宋代日常生活的重要文獻。翻開它，猶如打開時空門，那一邊就是相隔千年的繁花似錦、活色生香。即便用現在宜居城市的眼光去衡量，它的各項指標也是具備的：商鋪酒店一家挨著一家，以李成的山水畫為裝飾，餐具都是銀質的，品嘗應季果蔬、南北美食更是不在話下。夜生活豐富，「夜市直至三更盡，才五更又復開張。如要鬧去處，通曉不絕」。文化消費有勾欄瓦肆的去處，上演說話、小唱、傀儡、雜技等，市民們看得興高采烈，「不以風雨寒暑，諸棚看人，日日如是」。

如果嚮往典雅生活，倒是不妨仔細閱讀這本書，時下最流行的按照節氣過日子，吃什麼果子、擺什麼花、用什麼香，那在宋代就是尋常啊。[1]

宋時口味

因為靖康之難、宗室南渡的緣故，宋代人的情感裡總有種故國不堪回首的惆悵。遊牧民族侵擾帶來的屈辱感是如影隨形的，比如南宋皇宮裡每天只限量供應一隻羊，還不一定能保持穩定供給。而北宋仁宗朝每日宰羊二百八〇餘隻，神宗朝每年消耗羊肉三十三萬多斤，羊肉是宋代宮廷的主要肉食。可問題是，

1 現在也不清楚《東京夢華錄》作者孟元老的真實身分，只知道他在北宋最後的二十多年間住在汴梁，閱盡風華。北宋滅亡後，孟元老南渡，寫下這部筆記，既是寄託自己對故土風物的思念，也是為了讓後生們銘記大宋帝國曾經有的輝煌。

宋代的羊來自陝西，它被金國占領了，羊肉於是漲到每斤九百錢，成為奢侈品。宋代皇室丟掉的不僅是北方的江山，還有口福。陝西是搶不回來了，於是海鮮因地制宜普及起來，成為羊肉的替代品。

《東京夢華錄》幽咽回憶的一個主題就是汴梁的美食。不能用今天對河南菜的認識去想汴梁，有人統計，書裡一共涉及三百多種美食。當時流行的下酒菜有百味羹、頭羹、新法鵪子羹、二色腰子、蝦蕈、雞蕈、渾炮等羹，旋索粉、玉棋子、假河魨、貨鱖魚、假元魚、沙魚兩熟、紫蘇魚、假蛤蜊、白肉、夾麵子茸割肉、胡餅、湯骨頭、乳炊羊、鬧廳羊、角炙腰子、鵝鴨排蒸、荔枝腰子、燒臆子、入爐細項、蓮花鴨簽、酒炙肚胘、虛汁垂絲羊頭、入爐羊、羊頭簽、鵝鴨簽、雞簽、盤兔、炒兔、蔥潑兔、炒蛤蜊、炒蟹、炸蟹等。

從食材上看，肉、蛋、禽、豆、內臟、野味、河鮮、海鮮都已經開發出來入菜，那些以「假」字開頭的菜，就是我們現在所說的仿葷，當時的廚師已經能用素食或者常見的食材做出跟葷菜河鮮口感相似的菜來。

讓中國屹立於世界餐飲界的高超廚藝，溜、炒、鮓、燒、蒸、煮、滷、燉、臘、

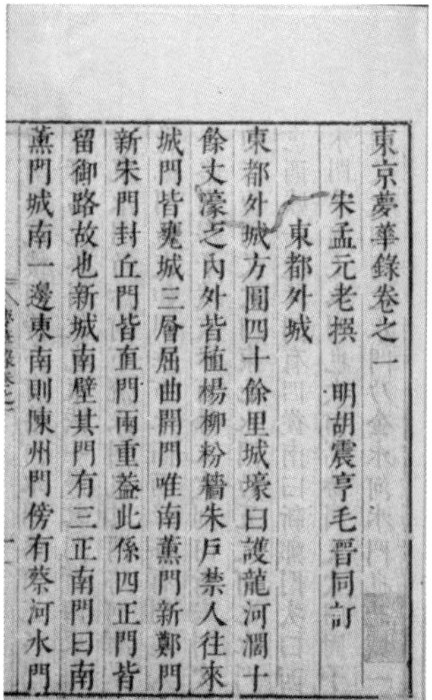
東京夢華錄卷之一
宋孟元老撰　明胡震亨毛晉同訂
東都外城
東都外城方圓四十餘里城壕曰護龍河闊十餘丈濠之內外皆植楊柳粉牆朱戶禁人往來城門皆甕城三層屈曲開門唯南薰門新鄭門新宋門封丘門皆直門兩重蓋此係四正門皆留御路故也新城南壁其門有三正南門曰南薰門城南一邊東南則陳州門傍有蔡河水門

書影《東京夢華錄》

煎、糟、醃等已經臻於化境。特別是炒，宋代人喜歡爽脆嫩滑的口感，必須得高溫爆炒才能實現。這種現在最常見的烹飪方法，在當時十分先進，除了廚師在技術上的革新，首先得有一口鐵鍋。

日本飲食受中國影響很深，但日本料理始終以水做基礎，天婦羅這種炸物是十六世紀之後受到歐洲影響才出現的。宮崎正勝在《餐桌上的日本史》裡考據，這是因為日本從前沒有耐高溫的鐵鍋，而且食用油價格昂貴的緣故。

北宋開封人自然是吃羊肉的行家。有宗室姻親，留意御廚的羊肉做法，總結出羊肉講究「爛、熱、少」三個字。爛是為了容易咀嚼，熱是不失香味，少是為了不饕。後來李漁寫《閒情偶寄》，其中關於羊肉美味的標準與此相差不大。

北宋人對羊肉的改進還有料酒的運用。宋之前去膻味用的是胡椒，而料酒不但去膻，還讓菜餚芳香四溢。甚至有一種「羊羔酒」，是用糯米、肥羊肉、酒麴、杏仁一起與湯煮爛，去苦水，留淨汁，與糯米飯浸拌，再加一兩木香，存十天後食用，其味爽滑。

而販售精美料理的酒樓也很豪華，最具傳奇性的地標建築是白礬樓，即後來的豐樂樓。《東京夢華錄》裡描述，它在宣和年間增修成三層樓，其建築群一共有五座樓高聳相對，各樓之間有飛橋與欄檻，或明或暗互相通連，珍珠門簾、錦繡門楣，在燈燭下閃耀晃動。每到正月十五，白礬樓在每一條瓦隴上放一盞蓮花燈，流光溢彩，美不勝收。

白礬樓的西樓不許賓客登高，因為那裡可以俯瞰皇宮。宋代的高官名流，甚至是宋徽宗本人都到白礬樓來飲酒作樂，《新刊大宋宣和遺事》描述：「樊樓上有御座，徽宗時與李師師宴飲與此。」甚至南渡之後，白礬樓也經常出現在文人的作品裡，成為北宋盛事繁華的象徵。

像白礬樓這樣的酒樓一共有七十二家，它們的門口都有彩帛裝飾的樓門，進店後是一條百餘步的主廊，南、北天井兩邊的走廊旁邊都是小包廂，包廂裝有吊窗，擺放花竹盆景，門口掛著垂簾繡幕，方便客人召妓陪酒調笑。每到晚上，燈籠蠟燭上下映照。

除了酒樓，還有讓人眼花繚亂的飯館，大的叫「分茶」，還有川菜館、南方菜的飯館和瓠羹店。每座飯館都有廳院和東西走廊，客人落座後，就像今天一樣，服務生會拿著碗筷和菜單，讓客人點菜。

除了美味佳餚和酒樓飯館的裝潢，吃飯還很講究儀式與餐具的擺放。在酒樓裡，如果是兩人對坐飲酒，會搭配注碗一副，盤盞兩副，果菜碟子各五個，水菜碗三五個，這些配菜的花費就將近一百兩，所有的碗碟酒具都是銀製的，水果、蔬菜也是新鮮精品。

小餐館雖然吃得簡單，可並不馬虎，餐具是上等的琉璃淺棱碗碟，菜蔬很精細，上菜的小二也了得，左手拿三碗，右臂從手到肩膀疊垜二十碗。

酒樓的營業時間很長，無論風雨寒暑都會開張，到晚上更是燈火通明、通宵達旦。那時候已經很有服務業的精神，吃飯過程中有中年婦女為客人斟茶換湯，還有在酒店裡隨時幫客人跑腿的專人，比如幫他們買東西、召妓、送取錢物。

在最高級的酒樓裡，濃妝豔抹的妓女在走廊的廊簷下久站，等待酒客的呼喚。還有更下等的妓女，不經召喚便主動到桌前唱歌，客人可以隨意給她們一些零錢打發她們離去。

南宋定都臨安時，它還是帝國的一處邊遠之地，從首都逃難來的人「效學汴京氣象」，飲食種類、樣式甚至走街販卒的叫賣都是舊京風味。

萬姓交易

滿街飄香的開封，因為靖康之難的攻城、黃河氾濫和時代更迭，已經深埋地下。宋代傳世的遺物並不多，我們只能從〈清明上河圖〉、《東京夢華錄》這樣的圖像或者文字資料來復原這座曾經光彩奪目的城市。用現在的眼光去看，孟元老的字裡行間為我們呈現的是一座購物之都、享樂之都。商業和夜生活的繁榮程度，也是今天我們評論一座城市是否具有活力的標準。

北宋沒有選擇具有傳統權威性的洛陽定都，而是選擇開封，原因在於宋初的中央集權首先考慮的是軍糧的供應，而開封有流經富庶山東的五丈河經過，便於匯集糧食。對應到《東京夢華錄》裡，頻頻提及的馬行街，正是開封東北部連接五丈河的街道。它還與東西走向的曹門大街形成十字街，那裡一直向南延伸到汴河，所以後來雖然五丈河的漕運衰落，確立了汴河體系，馬行街在商業布局上依舊占有優勢。

另一條水路從江淮沿汴河到開封，船舶從東南部進城。日本僧人成尋在熙寧五年（西元一〇七二年）曾經到訪開封，他流傳下來的觀察是：

汴河左右前著船不可講計。一萬斛、七八千斛，多多莊嚴，大船不知其數，兩日見過三四重著船千萬也。

所以在《東京夢華錄》裡，城市東南部跟南方有千絲萬縷的聯繫：相國寺北面的小甜水巷裡，有專門賣南方菜的店鋪，生意興隆。汴河沿岸，也開了很多北上的南方官員、商人暫住的旅館。

跟前朝的「勸農輕商」相比，宋代從立國開始，就在稅收、社會地位等方面給予商人寬鬆的政策。商人可以和貢士、青吏、庶人穿同樣的衣服，使用同樣的器具，具有同等地位。他們當中卓然不群的還有從政的機會，商人子弟也可入學、參加科舉。

國家的政策增加了城市的活力，從事商業的人數大大增加，不但有大規模的市場和買賣，甚至有分工詳細的服務業，比如出租婚慶儀仗的生意、為富貴人家籌辦酒席的生意等。

甚至應該是清淨之地的佛門，也成了人聲鼎沸的市場。《東京夢華錄》裡專門提及相國寺裡的萬姓交易。相國寺在城市東南部，本就是商人雲集、南來貨物集散之處，每月開放五次讓百姓在裡面交易。

寺院的大門前賣的是珍禽奇獸，第二、三道門買賣的都是日常用品，就像現在的露天跳蚤市場，空地上架著彩色帳幕，出售洗漱用具、弓箭、時果、臘脯等。靠近佛殿的地方，孟家道冠、王道人蜜煎等還有固定攤位。兩邊的走廊是各寺院的師姑賣繡作、領抹、花朵、珠翠、頭面等的鋪位。佛殿後面的姿聖門前，是買賣書籍、古玩、字畫，和各地卸任官員販賣土特產和香料藥材的地方。後廊則是占卜算卦一類的攤位。

詞人李清照也是相國寺的常客，她在文章裡回憶：「予以建中辛巳歸趙氏，時丞相作吏部侍郎，家素貧儉，德甫在太學，每朔望謁告出，質衣取半千錢，步入相國寺，市碑文果實歸，相對展玩咀嚼。後二年，從宦，便有窮盡天下古文奇字之志，傳寫未見書，買名人書畫，古奇器。」

東北部的繁華之地馬行街，是傳統的商業中心，《東京夢華錄》記述這裡布滿小醫鋪、藥店、香料店和官員府邸。不但白天喧囂，夜市也十分出名，宋人的另一本筆記《鐵圍山叢談》裡寫道：

> 天下苦蚊蚋，都城獨馬行街無蚊蚋。馬行街者，都城之夜市酒樓極繁盛處也。蚊蚋惡油，而馬行街人物嘈雜，燈火照天，每至四更罷，用永絕蚊蚋。

夜生活是宋代日常生活的一大突破。從北魏到唐，實行的都是坊制，唐代長安的氣派街景，正來自坊牆的井井有條。夜間坊門關閉，禁止在街道上通行，人們則住在四周有坊牆的坊內。其實宋代也有宵禁，從三更開始，直到五更天。但坊制與宵禁執行起來都不嚴格，商鋪侵街的現象很頻繁，於是開封成為中國古代第一個敞開型的城市，熱鬧的夜市能營業到四更天或者通宵。

除了馬行街，開封出名的還有州橋夜市。《東京夢華錄》裡寫，從州橋往南，有當街賣水飯、熬肉、乾脯等吃食的。王樓前有賣野味和禽類，梅家、鹿家賣鵝鴨雞兔、肚肺鱔魚等，到朱雀門，賣炸凍魚頭、批切羊頭、辣蘿蔔燈。夏天有降暑小吃，例如甘草冰、雪涼水等，冬天賣熱熟食，有野味，有北方小吃也有南方小吃，一直走到龍津橋才到盡頭。

夜市讓百姓生活變得非常方便，上早班和下夜班的人還能買到茶水、洗臉水、點心，代煎的中藥，甚至仕女也會出來娛樂。《東京夢華錄》裡寫到的北山子茶坊，裡面有仙洞、仙橋，仕女們夜間就去那裡喝茶、遊玩。開封的夜生活，從春夏經營到秋冬，即便「冬月雖大風雪、陰雨，亦有夜市」。

瓦舍勾欄

有人統計過開封市民是由貴族、官吏、商人、手工業者、人數龐大的禁軍和家屬所組成。這個新興的市民階層不但在開封城裡林立的酒樓、市場和夜市消費，還有文化及娛樂的需求。從前這些文化娛樂活動存在於上流社會，後來形形色色的藝人走上街頭，娛樂大眾。針對新的受眾群體，藝人們不但對節目進行改造和創新，還逐漸形成專門的演出空間——瓦舍。

瓦舍也叫瓦子、瓦肆，裡面除了有歌舞表演、彈唱、說話，還有商業市集。根據《東京夢華錄》的介紹，瓦子裡有賣藥、賣卦、賣舊衣服、賣吃食、剪紙畫的，用現在的話來講，這裡就是城市裡提供公共娛樂休閒的大型廣場。

勾欄的原意是欄柵，漢代用欄杆把表演的露台隔離開來，不許觀眾隨便進入。演變到宋代，表演的露台變成勾欄，成了瓦舍裡不同的表演場地。

《東京夢華錄》裡多處提到瓦舍：「其御街東朱雀門外，西通新門瓦子以南殺豬巷」，「街南桑家瓦子，近北則中瓦，次裡瓦。其中大小勾欄五十餘座。內中瓦子蓮花棚、牡丹棚，裡瓦子夜叉棚、象棚最大，可容數千人」，「街西保康門瓦子，東去沿城皆客店，南方官員商賈兵級，皆於此安泊」等。有人統計，開封一共有十座瓦子，它們分布在人聲鼎沸的御街、馬行街、潘樓街、右掖門外街巷、大內前州橋東街巷等。

宋代泥陶 河南博物館藏

瓦子是開封的娛樂圈。《東京夢華錄》裡一共提及七十多位當時的著名藝人。以小唱出名的李師師、徐婆惜、封宜奴；藥發傀儡、水傀儡都演得出色的李外寧；每天五更開始表演小雜劇、稍微去晚了就看不到的任小三；講歷史類評書的楊中立、張十一、徐明、趙世亨、講小說類評書的王顏喜、蓋中寶；舞旋表演最好的楊望京等。

李師師是開封名妓，除了《東京夢華錄》的記載，她也經常存在於其他宋人的筆記和詩詞中。「政和間，汴都平康之盛，而李師師、崔念月二妓，名著一時。晁沖之叔用每會飲，多召侑席。其後十許年，再來京師，二人尚在，而聲名溢於中國。」她唱歌大概確實出色，年輕時與晏幾道、秦觀、周邦彥都有交往，徽宗也聽，即便靖康之後，流落南方，依舊有士大夫邀請她演出。

瓦舍裡都是終身以表演謀生的職業藝人。這與前朝不同。唐朝有教坊部主管藝人，可組辦大型歌舞秀，但宋代的文藝部門功能不強，遇有大型演出，就花錢從民間的瓦舍裡雇人來表演。所以宋代的藝人們完全是投身在演藝圈裡，依靠觀眾們的欣賞來打磨自己的技藝。

出名的瓦舍藝人極受歡迎，除了像李師師這樣被達官文人念念不忘的以外，《東京夢華錄》還描述女子歌舞團從宮裡演出歸來的盛況：京城的紈綺子弟爭相將心愛的寶物送給她們，還準備了食物、飲料、美酒、水果等來迎接。女孩子們各自騎馬返回住處，有的戴著花冠，有的女扮男裝，從御街奔馳而過，競相展示她們的華麗，街邊觀看的人像堵牆一般。省試放榜後，皇上賜宴也是同樣的熱鬧和氣派。

瓦舍裡的演出，其實對現代人來講也不陌生，許多還是我們文藝活動的源頭。

小唱，據河南大學宋史研究學者周寶珠教授的考證，是北宋詞曲配以音樂進行演唱的表演節目，所以，名伶李師師和著名詞人們彼此熟稔。小唱的伴奏樂器不多，音樂比較清雅，主要靠聲音的柔軟輕和，風格細膩婉約，演出者都是女性，尤以妓女居多。

嘌唱則是相反的風格，南宋人程大昌在《演繁露》中對嘌唱的解釋為：「凡今世歌曲，比歌鄭、衛又為淫靡，近又即舊聲而加泛灩者，名曰嘌唱。」它的曲調歌詞豔麗淫靡，用鼓板伴奏，節奏歡快，演唱起來通俗大眾，深受一般市民的喜愛。

至於「說話」，則是一種語言藝術，包括講虛構靈怪傳奇的「小說」，講前代書史文傳、興廢爭戰的「講史書」，以及「說經」、「說公案」、「說鐵騎兒」。它們跟明清小說淵源很深，唐代之前，小說的作者都是文人，敘述婉轉、文辭華麗，到了宋代，說話藝人要想在瓦舍裡生存，作品就必須受市民歡迎，風格於是走向平民化和世俗化。魯迅在《中國小說史略》裡評論說：「宋一代文人之為志怪，既平實而乏文采，其傳奇又多托往事而避近聞，擬古且遠不逮，更無獨創之可言矣。然在市井間，則別有藝文興起，即以俚語著書，敘述故事，謂之『平話』，即今所謂『白話小說』者是也。」

雜劇，和戲劇有傳承關係。宋人筆記《都城紀勝》裡解釋了雜劇的形式：先演一段比較簡單的雜劇段子，然後副淨帶領其他角色登場，念詩誦詞，插科打諢，完畢退下，正戲開始。這種有角色分工、講述一個完整故事的形式，符合戲劇的特徵。而最早的戲曲節目是瓦舍勾欄裡的雜劇《目連救母》，它是瓦舍裡多種藝術的融合，曾經創下演出時間最長、觀眾最多的紀錄。

「雜劇眼藥酸圖」北京故宮博物院藏
描繪宋代雜劇中的兩個角色，眼藥酸即眼科郎中

四時之樂

除了酒樓、夜市和瓦舍，開封人的戶外活動也很豐富，既有街景也有郊外的「公園」。

《東京夢華錄》裡回憶：開封的主幹道御街，從宣德樓一直通向南面外城，寬兩百多步，有磚石鑲嵌的御溝，溝裡注滿河水，種植蓮花，御溝岸邊種植桃、李、梨、杏等多種果樹，不同的花錯雜開放，春夏之間，遠遠望去猶如錦繡一般。

城外也有好去處，附近都是園圃，百里之內沒有閒置的地方。那些園林亭榭，都准許遊人進入賞春。每年過完元宵節，天氣轉暖，春色遍布郊野，開封的市民們就陸續出門：仕女們的車輪緩緩碾過草地，馬兒歡快地長嘶。舉目四望，鞦韆上都是仕女歡笑，草地上則是男子蹴鞠。

皇家園林金明池和瓊林苑，每年三月初一也是對外開放的。金明池是五代時操練水軍的地方，宋徽宗時在池邊修了一些亭台樓閣，成為北宋開封的名勝。秦觀寫過〈金明池〉詞，「金明池」後來還成為詞牌名。

《東京夢華錄》帶領我們詳細參觀這座宋代的皇家公園：仙橋上有人來往，涼傘翠蓋相接於路，十分熱鬧。金明池東岸，有酒食店鋪、賭博、各種技藝表演場所。金明池的西岸，垂柳輕拂水面，芳草鋪滿堤岸，遊人稀少，大多數是來釣魚的。垂釣者先買池苑的牌子，釣上來的魚則以高於市價一倍的價格購買，還可在池邊現場烹煮。富貴人家攜家中樂妓，乘雙纜黑漆平底船，上掛紫色帷帳，於池上遊玩。普通百姓亦可租大小船遊覽賞玩。

瓊林苑跟金明池相對，大門兩側的道路都種著松柏，行道兩邊還有石榴園、櫻桃園之類的園林。徽宗政和年間，在瓊林苑東南角建了一個用來遠眺的高岡，岡下用花石鋪砌人行小道，還有上等石材砌岸的池塘。瓊林苑裡種的花是由福建、兩廣等南方地區進獻的茉莉、山丹、瑞香、含笑、鬱金香等。岡上還有月池、梅亭、牡丹園等亭台。

整個春天，開封人都在玩樂，《東京夢華錄》裡回憶，即使是颳風下雨，遊人也不斷，幾乎沒有一天是空閒的。除了外出踏春賞花，開封人也買花放在家裡，有賣花人用馬頭竹籃依次鋪排牡丹、芍藥、棣棠、木香等各種名花。

節氣對農村百姓而言，是耕作收成的時間表；但對開封人而言，卻是精緻生活的譜表。過年是從冬至後就開始熱鬧起來。瓦舍藝人沿著御街表演各種雜

南宋　李嵩　骷髏幻戲圖
北京故宮博物院藏

技、傀儡、雜劇、評書。到了正月十六一早，皇帝登上城樓宣布與民同樂。去得早的市民，站在城樓下面還可瞻仰龍顏。

城樓兩旁是貴族和大臣們的彩棚帷幕，各家安排歌舞妓在裡面演出，樂聲鼎沸。西垛樓下方，開封府尹的軍士在那裡守衛，帷帳前排站一列罪犯，百姓們一邊看演出，一邊看宣判。狂歡從白天到黑夜，再從宣德樓移到相國寺看燈會，直至翌日。

春天，忙著看花玩樂。浴佛節後，七十二家酒樓開始出售新鮮的青梅煮酒。開封人都要品嘗新鮮的青杏，吃剛採的櫻桃，再一起喝上兩杯。

比較安逸的是三伏天，除了因為天氣熱，也是六月沒有其他時令節日，大家可以把高昂的生活情緒緩一緩，降降溫。依慣例，開封人會前往風亭、水榭、高樓乘涼，吃時令的義塘甜瓜、衛州白桃、南京金桃、小瑤李子，吃冰雪冷飲，吃砂糖綠豆、黃冷團子、細索涼粉、江豆糕。

七夕也隆重得很，除了各種應景的吉利玩具，開封人會把剛採摘的荷花苞做成假的雙頭蓮賞玩，還把綠豆、小豆、小麥泡在陶瓷器皿裡發芽，用紅、藍彩條把嫩芽紮起來，叫「種生」。富貴人家在院子搭乞巧樓，讓男孩誦詩，女孩呈上自製的女紅，同時點燃香火，依次叩拜。婦女們對著新月穿針引線，討個吉利。

秋天，又到了全城出動賞菊的時候。開封的菊花品種很多，有黃白色而花蕊像蓮房的「萬齡菊」、粉紅色的「桃花菊」、白色花瓣淺紅色花蕊的「木香菊」、黃色而花瓣是圓形的「金玲菊」，各家酒店都用菊花紮成門洞。城裡人在郊外登高設宴，賞菊飲酒。

一年的吃喝玩樂要到立冬時節才稍見收斂。北方寒冷，從宮廷到民間都忙著儲藏冬菜，運送蔬菜的貨車擠滿道路，開封人吃的時令食物有薑豉、紅絲、鵝梨、蛤蜊、螃蟹等。

一年又一年的輪迴，北宋的開封是華燈齊放的良宵、月光皎潔的夜晚，瑞月飄飛之際、百花盛開之時，音樂震盪、豪門夜宴。

北宋的開封讓孟元老沉浸其中，也令他感傷惆悵道：「僕今追念，回首悵然，豈非華胥之夢覺哉？」而對於千年之後的今人來講，也猶如進入一場華麗的夢：

> 太平日久，人物繁富。垂髫小兒，嬉戲鼓舞，白頭老人，不知干戈。一年四季，觀燈賞月，雪景花會，七夕乞巧，重陽登高。舉目望去，盡是青樓畫閣，珠簾繡戶。雕車寶馬，川流不息，金翠耀目，羅綺飄香……

風雅世界的世俗之樂

馬遠　西園雅集　現藏美國納爾遜博物院

雅集：理想化歸宿

西園雅集被視為東晉蘭亭雅集之後，中國文化史上最著名的文人雅集之一。

它之所以在後世不斷地被重複模仿、詮釋，是因為人們對宋朝文人士大夫階層既入世又出世的悠然生活的嚮往。

本篇作者張星雲。

西園雅集被視為東晉蘭亭雅集之後，中國文化史上最著名的文人雅集之一。[1]北宋末年，一朝文人雅士會於駙馬王詵家的大庭院中，「自東坡而下，凡十有六人，以文章議論，博學辨識，英辭妙墨，好古多聞，雄豪絕俗之資，高僧羽流之傑，卓然高致，名動四夷」。

王詵自幼好讀書，因才情名震一方，被宋神宗選中成為駙馬都尉。身為高官的王詵在府邸專門修建寶繪樓，收藏歷代名作，自己也寫詩作畫。王詵請來善畫人物的李公麟，把自己和蘇軾、蘇轍、黃庭堅、秦觀、李公麟、米芾等人以及僧人圓通、道士陳碧虛畫在一起，名為〈西園雅集圖〉。

松檜梧竹，小橋流水，極盡園林之勝；賓主風雅，或寫詩、或作畫、或題石、或撥阮、或看書、或說經，極盡宴游之樂。米芾為此圖作記，即〈西園雅集圖記〉，有云：「水石潺湲，風竹相吞，爐煙方裊，草木自馨。」如此寧靜風雅……

彼時彼景

試想當時的場景：

午後，河岸淺草盡頭，花竹茂密處，散發著自然的香氣。戴著烏帽穿著黃

1 北宋時，駙馬王詵邀蘇軾兄弟及黃庭堅、米芾等十六人會於西園。時人作〈西園雅集圖〉，米芾、楊士奇又作〈西園雅集圖記〉，「西園雅集」遂為文壇之盛事。元末，江南名士顧阿瑛隱逸江湖，結交海內文士，會於玉山草堂，酬唱詩文。畫家張渥以李公麟筆法，繪「玉山雅集圖」，楊維楨復為之記，並將其與「蘭亭雅集」、「西園雅集」並論，為「三大雅集」。

色道服的蘇軾，正興致盎然地倚著書案作書寫字。香爐緩緩地升起青煙，溪水潺潺地流過山石，清風與竹林相互碰撞著。雖只飲了一點酒，蘇軾卻似乎已有些醉意，王詵坐在旁邊探頭望字。

庭院的另一邊，兩棵蒼松凌霄纏絡，松下一張大石案，垂下來的松枝映得案上的古器、瑤琴都是綠瑩瑩的。蘇軾的弟弟蘇轍慵懶地靠在石盤旁，悠閒地側頭觀賞。石盤正面，李公麟正俯身在橫卷上畫陶淵明的〈歸去來〉圖，黃庭堅、晁補之、張耒等人在旁圍觀叫好。

另一處，米芾則早已醉意醺醺，仰頭在一塊突兀的巨石上揮筆題字。秦觀坐在多節瘤的樹根上，靜觀遊煙相逐，聆聽阮琴聲嫋嫋，似乎已不知身在何處……

西園雅集似乎美得過於奢侈、虛幻。如今李公麟的〈西園雅集圖〉原本早已不知去向，米芾的圖記也是此後數代才再現於世。因此，歷代以來不乏質疑之人，認為如此這般的文人雅士不可能有時間或機會同時在今河南開封活動；也有分析稱，雅集分別在北宋元豐二年（西元一〇七九年）和元祐二年（西元一〇八七年）舉行過一次，李公麟只是巧妙地將數次聚會的情況結合在一幅畫作上，而非紀實繪畫。

然而，一切細節的考究和質疑都沒有影響後世文人的熱情，他們對那次高山仰止的文人雅聚有著無限的熱情，歷代以此為題而作的〈西園雅集圖〉有上百幅，繪畫史上的著名畫家馬遠、劉松年、趙夢頫、錢選、唐寅等都曾畫過。言之不足，歌之詠之，歌之不足，書之繪之，西園雅集成為文壇的一段佳話。

後人對西園雅集的熱情，更多是因為嚮往北宋文人的理想生活。北宋文人相對安逸，又基於崇雅的觀念，追求日常生活的文人化和精緻化，並把詩酒相得、談文論畫、宴飲品茗的日常交誼視為生活基礎，文會雅集就是這種生活的集中體現，因此可以說雅集在北宋時期達到了理想的極致。

自古雅集與權貴分不開。從先秦到六朝，宴遊雅集主要以宮廷和貴族為中心。而對唐、五代以前的門閥士人而言，家族博雅的文化傳統與聲譽是他們地位和聲名的基礎。經過晚唐、五代干戈的洗禮，門閥士族幾乎被鏟蕩無存，雅集難尋。

進入北宋時期，宋太祖為了約束武將，以及「不得殺士大夫及上書言事人」，開始實行重文輕武的政策。重用文人成了宋朝的基本國策，為了選拔人才為國家所用，大力發展科舉制，廢除前朝權貴舉薦的慣例，使得考試選拔更加公平統一，很多寒門子弟透過讀書，亦可應試。

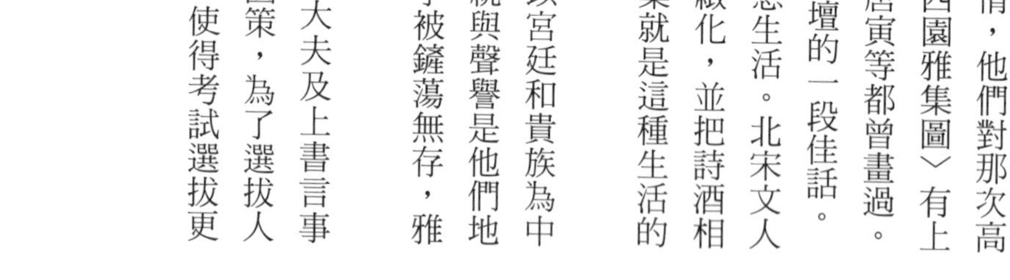

南宋 劉松年 西園雅集圖（局部） 台北故宮博物院藏

「學而優則仕」成了社會風氣，具有文人和官員雙重身分的士人社會階層逐漸出現，並進入官僚政治集團。仁宗時期范仲淹的慶曆新政和哲宗時期王安石的熙寧變法，都是統治者受到文人士大夫影響的政治變革運動。隨著書籍的傳播和教育的發展，文人群體的數量大大增加，內部書畫交流、詩詞酬唱的娛樂活動的數量和規模也超過了前代。

北宋前期，文人士大夫與地方的聯繫並不緊密，他們入仕後便離開家鄉，出京外任時有「避籍」規定[2]，朝廷派遣外任的文官知各地方事，長官與僚屬間也往往是文朋畫友，閒暇時詩畫相得，來往唱和，文人雅集由此成為北宋文人的一種重要社交活動。

雅集之趣與士人風習

北宋時期，文人士大夫多有往來。在王詵家舉辦的西園雅集中，園中所有人皆與蘇軾為友，可視作以蘇軾為中心的文人圈聚會。這次聚會中，有宋朝四大書法家之三，即蘇軾、黃庭堅和米芾，也有蘇門四學士，黃庭堅、晁補之、張耒、秦觀。

南宋畫家劉松年所繪〈西園雅集圖〉，在王詵的府邸畫院中，共有五組人。最右邊這一組，書案旁侍姬書童環繞，宋朝書法四大家之首的蘇軾正在書案上凝神靜書，旁若無人。

蘇軾左側的王詵坐於椅上，俯身前傾，滿是虔敬地看蘇軾寫字。作為蘇軾的摯友，王詵的命運與蘇軾緊密地聯繫在一起。蘇軾本人坦然面對「烏台詩案」，接受黃州團練副使之貶，並自號「東坡居士」，而王詵則是因蘇軾被牽連的二十多人中受罰最嚴重的，他被指沒有將蘇軾的言論上報朝廷，還在蘇軾被劾後贈送錢物、保持聯絡，因此被「追兩官勒停」。

沒能阻止王詵這位駙馬都尉與文人雅士們頻繁往來的原因，是他對書畫的喜愛。他能作詩，也畫山水畫，學李成文人山水畫的皴法，在水墨勾皴基礎上，「不古不今，自成一家」，獨具風貌，喜歡畫「煙江遠壑，柳溪漁浦，晴嵐絕澗，寒林幽谷，桃溪葦村」等景。蘇軾因為對王詵的讚賞，先後多次替他的畫題詩，稱他「得破墨三昧」，「鄭虔三絕居有二，筆執挽回三百年」。

書畫成了當時文人士大夫階層最基本的社交娛樂方式。在政治上尋求參政謀國運失意之後，文人的心性讓書畫成為他們的精神寄託，並成為一種日常生活。唐代以前，主流繪畫仍傾向於「成教化、助人倫」，唯有少數畫家可以超

2 避籍，就是古代的任官迴避制度。西漢武帝創制，但到東漢桓帝時期，中國第一個成文的避籍法規《三互法》才正式出爐，規定任官要迴避「婚姻之家」和「兩州之士」。到了宋代，更被細化為籍貫迴避、親屬迴避、職務迴避以及科舉迴避這四條，例如官家子弟在科舉考試後還須加試一場，以示公允。

越實用性。

晚唐、五代直至宋初，宮廷寫實繪畫的完美性已經到達歷史的一個巔峰，很難再有所突破。於是宋代文人開始追求傳神和畫外之意的表達，文人畫由此得來，進而影響整個中國傳統繪畫的發展。

蘇軾最先提出「士人畫」的概念，在詩文書法上的博學，使他認為繪畫應該超越「形似」，完成神情的傳達。他認為應該發展王維「詩中有畫，畫中有詩」的特點，以期達到書畫一律，將翰墨與丹青融合。

米芾提出的「墨戲」則是此一概念的深化，文人畫越來越遠離宮廷翰林圖畫院的精細繪畫風格。米芾在其《畫史》中曾表示：「以山水古今相師，少有出塵格者。因信筆作之，多煙雲掩映。樹石不取細，意似便已。」這種既有別於皇家又不同於民間的文人畫藝術風格，甚至影響了宮廷院畫的演變軌跡。同時，隨著文人畫的盛行，水墨畫法逐漸發展，也推進了紙本代替絹本成為繪畫的主要素材。

〈西園雅集圖〉中，聚於松樹旁的一群文人，專注於欣賞李公麟畫〈歸去來〉圖。與蘇軾、米芾的文人畫不同，李公麟作畫講求造型與法度的精謹，工筆白描，早期善於畫馬，後來轉向人物畫。李公麟曾為蘇軾畫家廟的人物像，兩人友誼頗深。王安石也對李公麟非常欣賞，曾作詩相贈。李公麟雖以畫家聞名，但其文風清婉，亦善於作詩，只是為畫名所掩蓋而已。

李公麟的這幅〈歸去來〉圖，蘇軾、劉才卲、周紫芝和宋高宗趙構均有詩題此圖，不為五斗米折腰、躬耕田畝的陶淵明被視為真正的隱士，歷來為文人所推崇。彼時蘇軾之弟蘇轍倚石觀畫，而二十幾歲的張耒則跪地撫石，自有一股少年文士的瀟灑不馴。李公麟身後的三位觀畫者，則為黃庭堅、晁補之和鄭靖老。

蘇軾為侍從時，曾舉薦黃庭堅代替自己，可見對黃庭堅才華的看重。烏台詩案後，黃庭堅仕途一路下滑，曾被貶到四川、湖北等地，最後貶地是廣西宜州。當時，為了讓墨更適應筆性，也為了一附風雅，很多士大夫都會親自製墨、賞墨。黃庭堅製墨非常有名，蘇軾則收藏了很多好墨，藏墨最多時達「數百挺」。可惜他被貶廉州後，六月渡海之時，「舟敗，亡墨四篋，平生所寶皆盡」。

黃庭堅這樣一個命運多舛而文采飛揚之人，在畫中執蕉扇，觀李公麟作畫，其自由隨性之情，躍然紙上。

除了書畫唱和之外，欣賞文藝表演也是士大夫宅中常見的娛樂活動。在友人前來宅中聚會之時，王詵常令婢女演奏樂器來助興。而彼時的西園雅集，古檜樹下，道士陳碧虛正在彈阮咸，秦觀靜坐傾聽。阮咸本是西晉時的竹林七賢之一，精通音律，故後人將其常用的一種樂器稱為阮咸，一直沿用至今。彈阮咸之文士，彈的並不只是此樂器，更是彈弦外之音，彈阮咸的林下之風與高潔品格。

隨著雅集和文人畫的同步發展，宋代對書房用品日益講究，宋硯也獲得極大的發展。此一時期的硯形以抄手硯為主，底部鑿空，前高後低，三邊如足，便於移動，據說此硯形正是蘇軾設計，所以也被稱為「東坡硯」。

宋代文人對硯十分鍾愛，留下大量題銘、詩文。米芾玩硯成癡，專門著有《硯史》，文中一一記述經手所試的名硯品類，在中國硯史上占有一席之地。

〈西園雅集圖〉畫面最後是翠竹叢中說佛經的高僧圓通大師及虔誠聽者劉涇。宋代，禪宗大興，其影響滲透於文學藝術及哲學思想，身為儒者的文人士大夫或多或少受此影響。文士與禪僧的交往，在宋人筆記中多有涉及，蘇軾的名句「春江水暖鴨先知」，便出自他為僧人惠崇〈春江晚景〉圖的題詩。

宋時，儒釋道三教事實上已合流。西園雅集中有高僧，有道士，還有眾多儒者，圖像已足可證。劉涇為《老子》做過注，是個融合道、釋思想的儒者。畫中劉涇頭偏向圓通大師，專一傾聽，又似有所感想，欲與大師討論。

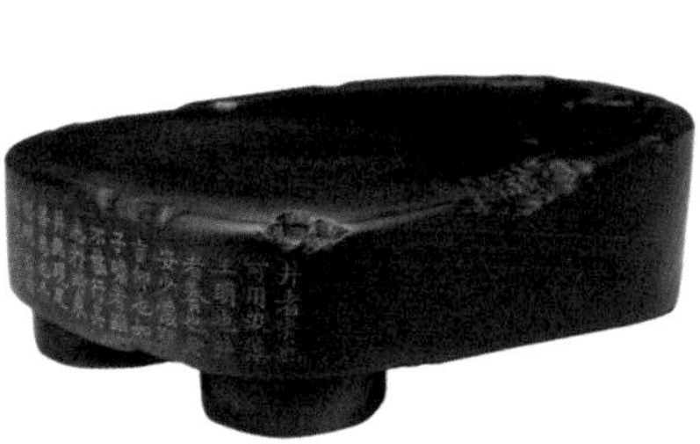

蘇軾銘端洞井硯 台北故宮博物院藏

西園中的文士均擅詩文，於書畫音樂乃至鐘鼎彝器古字均有所好。所以這也是詩人、詞客、書法家、畫家、思想家、音樂家的一次聚會。彼時李公麟以及後世的劉松年等畫家，將繪畫、書法、音樂、佛家思想的愛好與交流，在西園雅集圖中透過精心安排予以呈現，並充分考慮到各個人物的性格、愛好偏重及與其他人的交往情況。在構圖上，虛實相間，比如對於宋朝興起的博古活動，圖中並未安排一人進行賞玩，只是畫三張几案，安排幾名童子布置鼎、簋、尊、壺、罍、卣、盉、匜、爵、觚等古青銅器。

這種園林博古的嗜好源於北宋皇室官宦階層對金石學的興趣，而後漸成士人風習。以歐陽修、梅堯臣、蔡肇、米芾等為代表的文人都雅好古物，並致力於著錄、考證。

收藏鑑定古器物的風尚從民間傳入宮廷，在熱衷博物的皇帝推動下更加風行。北宋大觀初年（西元一一〇七年），宋徽宗撰、王黼編纂了金石學著作《宣和博古圖》，此書著錄宋代皇室收藏在宣和殿的自商至唐的青銅器八百三十九件。乃至宣和年間，盜塚以求古物的現象風行，沈括在《夢溪筆談》中就記載了多例發掘古墓得器物的逸聞。

官宦宅第大多具有園庭格局，每有好友造訪雅敘，展示收藏和考據品鑑就成為園林行樂生活的常態。南宋宮廷畫家劉松年所作〈圍爐博古圖〉描繪了文人在園林中雅集賞古的情景，成為當時好古風習的寫照。此後，在以雅集為題材的繪畫中一般都少不了博古賞鑑的內容，這也說明當時博古已經成為文人社交活動中必不可少的內容之一。

園林之樂和中隱之願

西園雖為貴冑之園，但畫中除兩個女侍雲環翠飾，顯出主人家身分地位外，概無富貴氣。畫面疏朗清逸，園中古松古檜相間，芭蕉綠翠，竹枝搖曳，古木磐石相映，清泉奇石相繞，營造出一個世外桃源的氛圍。

雅集中大部分參加者後來都被列入北宋元祐黨籍，西園的聚會不但是當時的風流韻事，也帶有政治團體的色彩；雅集十六人中，有八位因與蘇軾交往而受牽連。到了南宋，由於政治環境變化，元祐黨人重新得寵，他們被視為代表北宋末期的時尚與趣味，因此南宋出現了大量關於西園雅集的記敘和圖畫。

從歷史的角度來看，前朝蘭亭修禊、金谷園盛宴都能找到時空的定點，而

南宋 劉松年 圍爐博古圖（局部） 台北故宮博物院藏

西園雅集卻撲朔迷離。如果不是〈西園雅集圖〉和〈西園雅集圖記〉，後人無從知曉這回事。蘭亭、金谷皆已成雲煙，西園雅集留存於書畫中，成為不朽佳話。

後人不僅對西園雅集深信不疑，津津樂道之餘，還起而效仿。除了模擬聚會形式，在雅致的園林賞玩古物、品評書畫外，也都繪圖作記。明代的幾次文人聚會，從杏園雅集到魏園雅集，再到詞林雅集，皆是如此。

西園雅集營造出的園林之樂成了中國文人文化的特殊內涵。隨著魏晉之後私家園林興起，園林藝術逐漸融合了中國文人的文化性格，園林不僅是宴飲遊樂、賞花作詩的場所，園中容納自然山水於尺寸間的造景美學，也蘊藏著祈求隱逸的情志，讓士大夫自詡入仕和出世兼得，無須告別朝廷而得以享受超塵之趣。

如白居易〈中隱〉詩云：

趙孟頫 陶淵明像傳（局部）日本早稻田大學藏

大隱住朝市，小隱入丘樊。丘樊太冷落，朝市太囂喧。
不如作中隱，隱在留司官。似出復似處，非忙亦非閑。

蘇軾也表達過「中隱」的想法，作詩自稱「未成小隱聊中隱」。在〈靈璧張氏園亭記〉中，他在稱讚張碩家園林之美外，還曾流露出仕歸隱皆宜的願望：「開門而出仕，則跬步市朝之上。閉門而歸隱，則俯仰山林之下。」〈西園雅集圖〉中，李公麟正在畫的陶淵明的〈歸去來〉圖，便印證了文人聚會園林的歸隱之思。

如今看來，如果不是天時地利人和種種際會，西園雅集很難在歷史上造成如此迴響。與會諸君既保有京師要職，又無彷徨於出仕與歸隱間的矛盾，還能悠遊壺中天地。

西園雅集固然令人有「富貴感秋蓬」之嘆，但若沒有富貴，又何來如此園林高會？

雅集，對於中國文人處世進退的心理調適作用可見一斑。

書院：宋人理學傳播器

北宋成立書院之初，很重要的一點是為了「應試教育」。當然它也負有教育民眾、培養知識分子的目的。及至南宋，書院的數量是北宋的六倍，且這些書院大多是理學家們為了傳播學說所建立的。

本篇作者楊璐。

十一世紀，中國的知識分子開始從傳統和復古中，而不是從佛教中去探索世界觀、時空觀和人生觀。在這些學派裡，朱熹的理學逐漸顯露出來。先放下他的學說是否比其他學派高明不說，理學的大力傳播也是它在南宋獲得廣泛影響的原因，而同期的書院在各地如雨後春筍般發展起來。

有人統計，南宋書院的數量是北宋的六倍，是從唐到北宋五百年間的三倍。這些書院大多是理學為了傳播學說所建立的。在歷史機遇和文人自身的努力之下，理學在南宋末年被確立為正統，從而開啟了對中國長達千年的影響。

北宋第一書院

書院在北宋的開端，很重要的一點是「應試教育」。北宋立國，一派新氣象，太祖太宗兩朝吸取唐和五代的教訓，既要削弱武將的權力，又要避免門閥士族把持朝政，其中一個設計就是重視科舉取士。

宋代的科舉考試，降低了報名的門檻，士農工商出身都可以參加，錄取「一切以程文去留」，卷紙都是遮住名字、謄抄過的，考官無法辨別筆跡和考生，完全依靠才華排名。太祖時每年科舉只有幾十人中舉，到了太宗時，擴充到幾百人，而且制定了皇帝最後主考的殿試制度。為了向上流動也好，為了實現政治抱負也好，這些改革讓更多的讀書人參與舉國選拔人才的活動。

可是，與刺激廣大民眾參與科舉的積極性相比，宋代初期的教育系統始終沒能建立起來。宋代施行以禁軍為中心的軍制，中央政府要發工資給為數眾多的職業軍人，財政壓力很大，很難有多餘的經費投入學校建設和發展教育上。有人做過徽宗朝的統計，在王安石變法加大教育投入之後，官學學生在十六萬到二十一萬人之間，而每次參加科舉的人數在四十萬左右，尚且滿足不了科舉取士的要求。

北宋的書院當然有教育民眾、培養知識分子的目的，但要先滿足科舉考試的需求。即便如此，位於現在河南商丘的應天府書院，也是北宋的第一書院。主持過應天府書院的有宋代名臣晏殊、范仲淹，學生成績是七榜中舉五十六人、進士三十人。

《宋史》記載：「其中的宗度、許驤、陳象輿、高象先、郭成範、王礪、滕涉等皆踐台閣。」而像胡瑗、孫復、石介，被稱為「宋初三先生」，是理學的先驅。

應天府書院創辦於後晉，在第二代主持者戚同文的經營下，逐漸出名。《玉壺清話》介紹戚同文：「宋都之真儒也。雖古之純德者，殆亦罕得。其徒不遠千里而至，教誨無倦。」他自幼聰穎好學，「讀書累年不解帶」，但五代十國

宋人科舉考試圖（局部）

時局動盪不安，他立志不做官，專心教育。

戚同文精通五經，學問淵博，逐漸成為一個文化教育中心，「請益之人，不遠千里而至」。《宋史》記載的「儒厚長者」許驤，就是被經商的父親送到戚同文門下學習，在太宗朝科舉及第，與宋初名相呂蒙正齊名，為官至右拾遺、殿中丞。

戚同文去世之後，教學一度中斷，西元一〇〇九年歸為官方書院。兩年之後，出身貧寒的范仲淹來到應天府書院讀書。他在這裡艱苦勤學五年，考取了功名，被任命為廣德軍的司理參軍。范仲淹與應天府書院的關係並未結束，十年之後，他為母守喪住在應天府，時任應天府留守的晏殊，仰慕范仲淹「為學精勤，屬文典雅。略分吏局，亦著清聲」，邀請他在應天府書院執教。

後代歷史學家經常把范仲淹主導的「慶曆改革」視為宋代各種改革的鼻祖，之後的〈岳陽樓記〉簡直成為中國士大夫、知識分子的座右銘。在主持應天府書院的一年裡，他已經為復興儒學和吸納人才做了準備。朱熹在《伊洛淵源錄》中寫：「本朝道學之盛，亦有其漸，自范文正以來已有好議論，如山東有孫復明，徂徠有石首道，湖州有胡安定，到後來遂有周子、程子、張子出。故程子平生不敢忘此數公，依舊尊他。」

致天下之治者在人才，成天下之才者在教化，教化之所本者在學校。

——胡瑗

文者，道之用也；道者，文之本也。

——孫復

道于仁義而仁義隆，道于禮樂而禮樂備，道之謂也。

——石介

被理學尊為「宋初三先生」之一的石介，就是這時跟著范仲淹學習詩書，年僅二十六歲就中了進士。他後來講授《易》、《春秋》，「重義理，不由注疏之說」，開宋明理學的先河。

「宋初三先生」的孫復，兩次得到范仲淹的資助，范仲淹還為他謀了一個教授《春秋》的職位。孫復後來被學術界最看重的就是《春秋》學。程頤在〈回禮部取問狀〉中說：「孫殿丞復說《春秋》，初講旬日間，來者莫知其數。堂上不容，然後謝之，立聽戶外者甚眾。」

在仁宗、英宗、神宗三朝為官的張方平，十三歲進入應天府書院讀書，天資聰慧，給范仲淹留下很深刻的印象。仁宗明道二年，范仲淹與宋綬、蔡齊、范諷共列名舉薦張方平茂才異等，授校書郎，知昆山縣，開始了他的仕途生涯。張方平曾經自述：「嘗蒙范薦更台閣之要，久依戶牖之嚴。」慶曆改革時，張方平是范仲淹的得力助手。

范仲淹主持應天府書院非常勤勉盡心，《范文正公年譜》上寫：「公常宿學中，訓督學者，皆有法度，勤勞恭謹，以身先之。由是四方從學者輻輳，其後以文學有聲名於場屋朝廷者，多其所教也。」他自己也在這時期完成了政治代表作〈上執政書〉，後來成為「慶曆改革」的藍本。

中國的文藝復興

宋代中期之後，政府加大了對教育的投入，發展官學，書院作為應試科舉的功能衰落了，但它的學術研討功能卻以涓涓細流的形式延續了下來，因為北宋文化並不是繼承前代、按部就班，而是個大變革。

現在總有人說宋代文化是「中國的文藝復興」，法國漢學家謝和耐（Jacques Gernet）在《中國社會史》裡解釋，以復古傳統為特徵的十一世紀標誌著自五世紀以來對中國社會施加的高於一切的佛教霸權影響的結束。人類重新變成了在一個有限的和可以理解的宇宙中的人類，而只要對這種宇宙進行探索就可以理解它。十一世紀中國菁英界人物與其唐代先驅們之間的區別，猶如文藝復興時代人物與中世紀人物之間的差異一樣。

在宋代建朝之前，距離「獨尊儒術」已經有幾百年了。隋唐其實是儒、佛、道三教鼎立的局面。唐朝皇家拜老子為祖先，道教受到重視。玄奘從印度取回大量經典，後來禪宗也開始興盛，而貴族官僚們的生活規範和政治理念以儒家為基礎。有資料顯示朝廷爭論過三教的優先順序，但是三教的重要性沒有被否定，也就是說，三教並存的形式在唐代政治體制占有很重要的地位。

宋代打破了平衡，蓬勃的科舉制度讓士大夫、知識分子越來越有話語權。歐陽修開啟了古文運動，他不但自己寫古體散文，而且建議朝廷在科舉考試中停用駢體文，鼓勵寫古體散文。為了實踐主張，歐陽修在嘉祐二年（西元一〇五七年）當主考官時，要求考生用古文答題。那次進士及第的包括蘇軾、蘇轍、曾鞏、張載、呂惠卿等，他們後來是北宋甚至整個科舉史上的燦爛之星。

這不單純是一場文學革命，因為宣導古體散文的理由是，它可以不受修辭手段的規定和限制，自由表達政治和哲學觀點。歐陽修受韓愈影響頗深，而韓愈在唐代就是高揚儒家傳統，力排佛、道。

另外一個促使宋代知識分子提升儒學、恢復傳統的動力在於周邊國家不但在軍事上對宋朝構成威脅，它們還都在學習和模仿中原文明，挑戰大宋帝國的中原文化正統地位。例如西夏對佛教全面弘揚，尊孔子為文宣帝，修孔廟，開設小學、太學。

遼國的佛教也很興盛，雕刻的契丹大藏經全是漢文，燕雲十六州也是按照漢族的三省六部制和州縣制管理。遼國對於《新五代史》裡將自己歸為「夷」類並不接受，為表示在中華文化裡平起平坐，他們甚至把趙宋起事的經過附在遼國史裡。女真人的漢化也持續進行，到了金章宗時，甚至用秦代的「五德終始論」作為政治合法性的理論來源，選擇「土」作為金的德運，剛好對應宋朝選擇的「火」。土是火的下一個迴圈。

在恢復真正的儒學傳統，其實是確立「新的傳統思想」的過程中，宋代的知識分子在學術上充滿了活力，理學、新學、蜀學等學派層出不窮，它們有的互相啟發，有的前後繼承，有的互為對手。承接歐陽修古文運動的是「新學」代表王安石的改革。

熙寧三年（西元一〇七〇年），從隋朝開始持續了五百年的進士科考詩賦，改考經義、策論。相應的，學校的教育要配合科舉改革而重視經書解釋。教材是王安石父子親自執筆注釋的《周禮》、《尚書》、《詩》三經。除了這些，王安石還做過其他的注釋，繼承他的新法黨派中也出了很多注釋家。

中國思想史研究學者小島毅在《中國思想與宗教的奔流》裡寫道：「北宋末期，從哲宗親政時期到徽宗時代，這些注釋書都是公認參考書。道學者雖也站在自己立場上做了一些注釋書，但是即使在南宋後期道學系統學者的藏書目錄中，也並沒有占據多數，由此可見新學影響力之大。」其他學派沒有科舉參考書這樣的強管道，大多依靠官學、書院、私學、家塾等教育機構來持續傳播自己的理念。例如「洛學」的程顥、程頤兄弟，他們的理論核心是「天理」，認為「理」是萬物的統治者，不僅包含了自然世界運行的基本規律，也包含了人倫世界和人類社會的基本運行規律。他們是王安石的反對派，仕途不順，賦閒洛陽，在家裡、嵩陽書院、龍門勝德上方寺、龍門香山寺等地講學。他們的學生楊時，把「洛學」傳到了南宋，曾經在南宋高宗的朝廷裡侍講經筵。而「關學」創始人張載，年輕時受到范仲淹鼓勵，從研究軍事改為鑽研儒學，建立起自己的系統。嘉祐二年，跟蘇軾同登進士，王安石變法之時，辭官回到陝西橫渠，立館講學。

朱熹：擇勝地，立精舍

書院到了南宋，開始蓬勃發展，在一五三年裡，南宋書院總數是四四二所。南宋的書院不但數目大，分布也很廣，覆蓋了十一個省。這種數量和廣度，也可以看成理學在南宋傳播的路線圖，因為南宋的書院是伴隨著此一學說而發展的。

對於特別重視體統的儒學知識分子來說，靖康之難、北宋官員投降女真人和高宗朝廷苟且偷生的行為令他們感到十分羞恥。他們認為，這是北宋以來的儒學教化失敗，這其中一定缺少了最緊要的東西。因此朱熹從北宋的周敦頤、邵雍、張載、程顥、程頤的著作裡去尋找答案，發現大儒們的主要貢獻都在形而上學領域。朱熹認為，忽視了形而上學理論，是造成悲劇的致命錯誤。

回到打破三教平衡的時間點上，儒學作為一種政治學說，沒有關注人在精神層面上的問題。要真正超越佛、道兩家，成為一個更優越的、更能庇佑國家的意識形態，儒家知識分子需要對物質世界、社會關係和宇宙進行觀察思考，重新規範價值體系。

朱熹的理論體系是發展了「理」和「氣」這一對概念，「理」指存在於萬世萬物之中，永恆不變的非物質性原則，它賦予萬事萬物以形。「氣」是物質性力量，它使萬事萬物呈現千差萬別的實際面貌。至於第三個概念，則是「道」，它是一種充盈於天地萬物之中的內在原則，但並不神祕，而是與人本身、人的本質、社會關係的全體以及整個宇宙息息相關。對朱熹學派來說，最重要的便是認知「道」，不懈地循「道」而行，使自己更為高尚，讓「道」流行於天地之間。

循序漸進，熟讀精思，虛心涵泳，切己體察，著緊用力，居敬持志。

——朱熹讀書法

古者小學，教人以灑掃應對進退之節，愛親、敬長、隆師、親友之道，皆所以為修身、齊家、治國、平天下之本，而必使其講而習之于幼稚之時，欲其習與智長，化與心成，而無扞格不勝之患也。

——朱熹論兒童教育

理學在當時不是一枝獨秀，但它最後能脫穎而出成為正統，很大一部分原因在於傳播的力度。他們認為教育是覺悟普遍規律、感知自然、認識人類社會的手段。於是，道學的知識分子像傳教士一樣，從南宋經濟的核心區域浙江、江西和福建，向偏遠地區湖北、四川、湖南擴散，誨人不倦。

傳教的載體就是書院。朱熹創建了書院四所，修復包括白鹿洞書院在內的三所書院，前後在二十所書院裡講課傳道。即便他去世之後，他的弟子黃翰為了光大師傳、傳播理學，還創建了多所書院。弟子陳文蔚一生也講學於豐城龍山書院、宜春南軒書院等多所書院。時至今日，書院的遺址大多數是風景優美的名勝，這其實是經過理學家們謀劃的。

理學的傳播不是講知識，而是道德、價值觀上的認可，它的目的是讓人們提升自我修養，達到道德的進步，確立信仰和價值觀。所以為了營造出不關心世俗、修身自省的氛圍，書院與佛寺、道觀類似，喜歡建在幽靜而風光秀麗的山野裡。朱熹在〈衡州石鼓書院記〉中寫「相與擇勝地，立精舍」，呂祖謙的〈白鹿洞書院記〉中寫「往往依山林，即閒曠以講授」。

白鹿洞書院

南宋大儒們也不只在書院裡帶著學生靜心讀書，他們的教學無處不在，有時候是解答學生的提問，有時候是遊學中的某次闡述，這些隨機的智慧編輯成一本《近思錄》[1]，全是從農民、鄉村生活、宗教活動、統治藝術這類士大夫、知識分子關心的「痛點」出發的解答，而且這本書非常適合科舉考試，是當時非常受歡迎的科舉參考書。為了跟教育水準更低的人群傳播理念，理學知識分子甚至放棄了文學素養，他們中間不再出現文學大師。

南宋社會和知識分子中間有強烈改變現狀的意願，理學大儒形成了理論體系，有書院做載體，還注重簡明易懂的傳播方法，這些完全符合撩起人群追隨和信仰的規律。理學派在士大夫和民間知識分子中聲望日隆。但是，成為宋代的正統學說不能只靠群眾們喜歡，走到最後是政治局勢風雲變幻的結果。

西元一一九五年，寧宗即位，受到權力爭奪的波及，理學被定為偽學，以此為理由，推薦過朱熹和其他理學學者的宰相趙汝愚被流放。朱熹在西元一二〇〇年去世，他沒有看到因為政治局勢的又一次逆轉，受到壓迫的理學重新獲得崇敬。西元一二〇八年朝廷授予朱熹身後榮譽，稱他的學術為正學，西元一二一二年，中央接受朱熹為《論語》和《孟子》所做的注釋。

南宋末年，蒙古人咄咄逼近，而且他們跟西夏、遼、金一樣，也以中原文

1 宋朝淳熙二年（西元一一七五年）正月，呂祖謙來訪朱熹，聚於寒泉精舍，《近思錄》遂成，史稱「寒泉之會」。五月，朱熹送祖謙至鵝湖寺，陸九齡、陸九淵及劉清之皆來會，史稱「鵝湖之會」，開書院會講之先河，後世以此形容那些具有開創性的辯論會。

化體系的政權自居，還在北京修建孔廟。此時，朱熹學派成了南宋朝廷提振士氣的工具，因為他們一直宣稱北宗五大儒啟動了儒學的血脈，而其中「二程」的學生楊時又把血脈傳到南宋，並傳給朱熹學派。西元一二三七年，蒙古開科取士，南宋朝廷贊同朱熹學派的正統。西元一二四一年，在內憂外患之時，為了申明南宋在中原文化體系裡的正當性，朝廷舉行儀式，宣布朱熹的理學為國家正統。

以方寸心，觀照天地

宋代的書院雖然幾乎消失殆盡，可是精神長存。朱熹的理學成為國家正統，具有劃時代的意義：唐朝在宋初人們心中是一個理想王朝的模範，但是不久宋人開始摸索超越大唐的政治理論和皇權理論。

如果說唐朝實體被黃巢消滅，那麼唐朝的理念是在朱子理學立為正統時被消滅的。中華文明從唐韻轉向了漫長的宋調，朱熹的理學包括新儒學在當時是種新文化潮流，一直影響到王朝的末期。這些理念和規範構成了我們最熟悉的「古代」樣子。

「孔孟之道」是宋代才有的說法。在宋之前的說法是「周孔之教」，「周」指的是周武王的弟弟周公旦。從歐陽修尋找儒學本來面目的古文運動開始，孟子的地位一直在提高。歐陽修的繼承人王安石把孟子從祀到孔廟，朱熹注《四書》、《孟子》入經，成為顯學。

朱熹在《孟子集注》中寫「人欲肆而天理滅」，後來他又強調「天理人欲，不容並立」，必須「革盡人欲，復盡天理」。這個理論的基礎就是孟子的「養心莫善於寡欲，其為人也寡欲，雖有不存焉者寡矣。其為人也多欲，雖有存焉者寡矣」。孟子認為人的欲望寡淺才能保持住善良的本性，多欲則會喪失善良的本性。

宗族社會也是在朱熹理學的傳播過程中產生。朱熹理學強調《大學》，「明明德」、「新民」、「止於至善」是三綱領，具體實踐是格物、致知、誠意、正心、修身、齊家、治國、平天下。這些從前是統治者的守則，而理學把它擴大為一般士大夫、知識分子的座右銘。道學在長期以來是要應對新學和佛教禪宗兩方面的挑戰，禪宗逃避社會責任，而新學忽略自我修養。道學的解釋系統裡，「明德」就是天理，至善就是為天下國家做貢獻，這是一個人的義務，也是最富有人性的人生。

對於那些沒有做官的地方鄉紳、知識分子來說，道學為他們指出了人生方向，致力於自己的宗族社會，也是對國家做出貢獻，因為國家秩序就是由單個的宗族組成的。其實在宋初，科舉制本來就有打擊世家大族的意味，但是有眼光的家族為了維持興旺，就得給家族裡的子弟提供讀書的環境和經濟支援，宗族又因為科舉而緊密起來。范仲淹晚年在蘇州設立義莊，歐陽修編纂族譜，這些都是為了把自己因為科舉和做官所積累的資本傳遞給家族後代。重視宗族社會從理論上講也有意義，是恢復古代禮制的手段。

宗族社會在宋代開始逐漸形成，朱熹理學興起之後，更是完全按照朱熹的思想去經營家族。比如徽州的宗族社會就依照的是朱熹嫡傳「新安理學」的思想形成的。徽州宗族的族規、祖訓是朱熹倫理思想的具體化，潔祠堂、修墳墓、孝父母、序長幼等，甚至承擔國家義務都有明文規定：「吾門糧差，各有定規，乃朝廷正務，不可慢也。」宗族活動的內容、程序和細節則遵照的是朱熹的〈文公家禮〉，族譜甚至明文規定：「凡祭祀、一切儀節，謹遵朱子〈家禮〉」。朱熹在〈家禮〉裡特別重視祠堂，「特著此冠於篇端，使覽者知所以先立乎其大者」。南宋之後，徽州宗族興修祠堂，並且逐漸成為宗族最重要的事情，這是徽州「祠堂

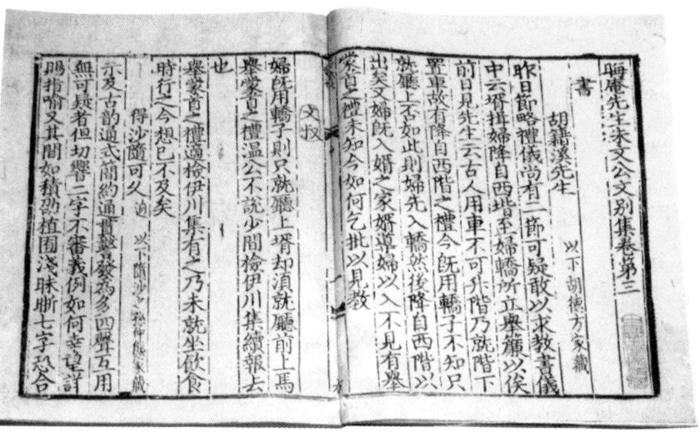

南宋，朱熹著，《晦庵先生朱文公文集》

林立」的根源。（《晦庵先生朱文公文集》）

理學對宋代的影響，其實也可以從文學藝術上看得到，風格上從唐的熱烈飛揚轉到宋代的內斂淡泊，以方寸之心去觀照天地，在一件玩物、一座園林、一處景觀裡，看到浩渺宇宙。理學的「理氣象」、「性與情」、「文與道」這些哲學品格進入道美學理，也讓宋代美學有了思辨的基礎。比如「氣象」就是從道學轉入美學範疇，最初是形容人物的精神品貌，後來用於形容山水、文章的整體風貌，形容各種藝術的風貌境界。

「韻味」也是宋代標識明顯的審美氣質，指的是意味之美、意味之境。宋代文化轉向內斂，崇尚淡泊，而韻味的最高境界，可以用朱熹的門生魏了翁的話來概括：「無味之味，至味也。」

宋詞：淺斟低唱中的都市創作

在宋代，無論青樓酒肆，還是士大夫的家宴，對曲詞的需求都大大增加。席間被歌妓索詞，儼然成為一種酒宴文化，而即席演唱某位在座客人的詞，顯然也是一件令賓主雙方都感快意的風雅之事。

本篇作者艾江濤。

新音樂與詩教傳統

「明月幾時有，把酒問青天」，後世點唱率最高的宋詞之一、蘇東坡的這首〈水調歌頭〉，不但為當時的歌女所傳唱，時至今日仍被不斷演繹翻唱。不同版本的傳唱，在不經意間提醒我們，宋詞雖早已被視為一代文學的案頭之作，但實則作為兩宋通俗音樂配唱的歌詞而繁盛一時。

以詞來配合的音樂名叫「燕樂」，也稱「宴樂」，是隋唐之際從西域傳至中原的一種新音樂。經過與本土音樂的融合，成為流行於唐代的所謂「胡夷里巷之曲」。與本土的清商樂曲調相比，燕樂旋律更為複雜和變化多端，傳統樂府詩五七言的齊言形式難以配合，歌詞遂演變為長短不一的「長短句」。

區別於樂府詩的「以詩譜曲」，詞的創作是按曲填詞。這些流行於唐代的歌詞，今人依舊能從保留下來的一八六首《敦煌曲子詞》中一窺原貌。由於多半出於民間藝人之手，這些唱詞多半粗鄙直白，但其中的佼佼者，直白新鮮處，實已啟元曲之先河，比如「天上月，遙望似一團銀。夜久更闌風漸緊，為奴吹散月邊雲，照見負心人」（〈望江南〉）。

這些曲子詞的題材內容雖然普遍，但談情說愛的部分仍然最多，占三分之一。這其實並不奇怪，大眾對新音樂的引入，本來就偏重於休閒娛樂。然而，這些多唱男歡女愛的新曲子，最初卻不在文人間流行。

這是因為儒家強大的詩教傳統所導致。長期以來，作為尊體的詩歌，以言志教化為主，鮮有書寫男女之情的作品。因為文人寫這些東西比較丟臉，類似於當代的豔照門，會對他們的仕途產生影響。唐代文人寫詞，最多像白居易的「江南好，風景舊曾諳」，寫寫風景。或者像張志和的「西塞山前白鷺飛，桃花流水鱖魚肥」，寫寫隱逸生活。但是這些曲子不適宜傳唱。想想看，在燈紅酒綠的宴會上，唱什麼〈江南好〉、〈漁歌子〉？不太搭調啊。

正因為沒有文人士大夫的大量參與，燕樂已在隋唐流行了兩百多年，曲子詞卻一直沒有興盛起來。情況在內憂外患的晚唐發生了變化。在一個國破家亡、禮崩樂壞的末世，儒家思想失去效力，士人自覺沒有前途，整個上層社會縱情於聲色享樂之中。由此便出現了宋之前的第一個詞作高峰——後蜀與南唐兩大創作中心。

然而，詞在宋代的發展並沒有想像中那麼順利。北宋初年太祖、太宗、真宗、仁宗早期四朝的八十多年時間裡，詞壇一片寥落，流傳下來的不過十一位詞人的三十四首作品。其實對這一現象，早在南宋初年，詞學家王灼便有所關注：「國初平一宇內，法度禮樂，浸復全盛。而士大夫樂章頓衰於前日，此尤可怪。」只是王灼對此並無解答。事實上，在一個大一統的王朝，儒家的思想管控重新建立，士風、文風為之一轉，文人普遍不寫為配合歌舞酒宴間流行音樂演唱而作的詞。

北宋代周而起，「與士大夫治天下」。建國初年，帝國急需扭轉五代時期敗壞凋敝的士風，首要舉措便是以學校、科舉大力弘揚儒家的道德準則，以正士風。經過一段時間的努力，風氣很快有所轉變，太宗時的翰林學士王禹偁對此總結道：「國家乘五代之末，接千歲之統，創業守文，垂三十載，聖人之化成矣，君子之儒興矣。」士風變化影響到文風，宋初的文人們再次舉起韓愈古文運動的旗幟，主張文以載道，重建儒家的道統與文統。

在這樣的時代氛圍下，士大夫寫詞，自然難以流行。寫得少是一方面，還有一部分則在家寫完酒醒之後燒掉，當時流行一句話，叫「自掃其跡」。即使保留下來的詞作，也要爭取與男歡女愛保持距離。翻開宋初的幾首詞作，不論是王禹偁的「天際征鴻，遙認行如綴。平生事。此時凝睇。誰會憑闌意」（〈點絳唇〉），還是林逋的「吳山青，越山青，兩岸青山相送迎。誰知離別情」（〈長相思〉），抑或范仲淹的「黯鄉魂，追旅思，夜夜除非，好夢留人睡」（〈蘇幕遮〉），所寫不過仕途失落、羈旅相思之情，倒更像中唐詞人的作品，而迥異於綺靡豔麗的花間詞與之後的北宋詞風。

然而，北宋初年士大夫「以聲妓自樂」的社會風氣已然形成，尋歡作樂的宴遊生活並不奇怪，只是似乎更多停留在欣賞娛樂層面，與詞作保持了刻意的距離。而事實證明，士大夫的創作離開了歌舞酒宴、聲妓女樂，詞的真正繁榮仍尚需時日。

市井生活與詞壇創作

雖然詞寫得少，北宋初年的士大夫們卻迎來了一個堪稱境遇最好的歷史時期。這一切都源於國初宋太祖「杯酒釋兵權」所形成的官員文化。被身加黃袍的趙匡胤，最清楚擁兵自重的下屬對皇權的巨大威脅，酒宴之後對權臣的一番話「多積金、市田宅，歌兒舞女以養天年」，自此成為宋代皇帝與士大夫共同遵從的聖訓。如此，國家用官員的富貴生活換取皇權的集中，士大夫們也樂得以奢華的生活，換取皇帝的放心。

因此僅就官俸而言，宋代比漢代增加近十倍，比清代也要高出兩倍至六倍。此外，宋代對女色非常開放，皇帝不但公開鼓勵大臣在家多蓄養歌妓，有時甚至親自出面代為操辦。

史料記載，仁宗時期的名相王曾，少時孤苦，不近女色，家中妻妾不多，皇帝得知後便派宦官買了兩個女人送去。還有一次，宋真宗派人察看大臣們退朝後的行為，結果發現大家全在喝酒娛樂，只有晏殊兄弟在家閉門讀書。真宗第二天公開表揚晏殊，沒想到對方回答：「我並非不願宴飲遊樂，只是因為剛做官，家貧無錢。」皇帝因其誠實，反而更加重用晏殊。

時風使然，許多權臣官員家中都蓄有家妓，除此之外，各級政府還有負責接待官方宴會的官妓，而市井之間的酒肆樂坊之中則有所謂的私妓。隨著范仲淹、晏殊等當時的名流開始寫詞，士大夫對作詞的態度悄然發生變化，雖然仍將其視為樂府末造，不登大雅之堂，卻已然不以為意，在酒宴娛樂席間，越寫越多。

作為一個傳統的農業國家，宋朝大概是唯一一個在口頭上也不強調勤儉節約的王朝。上層士大夫普遍奢華生活的背後，是作為支撐的繁盛商業經濟與市民文化。汴京在內的大型城市的繁盛，除了發達的漕運，還得益於打破了唐以來坊市分區的硬性阻隔。北宋汴京城內允許面向大街開店，與民居錯落交雜。乾德三年（西元九六五年），宋太祖詔令解除宵禁，汴京很快出現通宵達旦的夜市。

酒肆樂坊等娛樂場所帶來的詞作需求，大量刺激了宋詞的繁盛，在某種程度上也決定了宋詞本身就是一種都市創作。與詩歌不一樣，陶淵明跑到農村待著也可以寫詩，詞就不行。到了南宋有一點改變，一些特別有創造力的詞人如辛棄疾也會寫農村題材的詞，但並非主流，真正待在農村寫詞的人，一個也沒有。

第一個大量描寫都市風情與市井生活的詞人，非柳永莫屬。柳永曾在汴京

清 王素 梧桐仕女圖

生活過很長一段時間，之後四處奔波，對當時的杭州、蘇州、成都等大城市也頗為熟悉。

禁漏花深，繡工日永，蕙風布暖。變韶景、都門十二，元宵三五，銀蟾光滿。連雲復道凌飛觀。聳皇居麗，嘉氣瑞煙蔥蒨。翠華宵幸，是處層城閬苑。

——〈傾杯樂〉

這寫的是汴京元宵佳節的繁盛景象。

東南形勝，三吳都會，錢塘自古繁華，煙柳畫橋，風簾翠幕，參差十萬人家。雲樹繞堤沙，怒濤卷霜雪，天塹無涯。市列珠璣，戶盈羅綺，競豪奢。重湖疊巘清嘉。有三秋桂子，十里荷花。羌管弄晴，菱歌泛夜，嬉嬉釣叟蓮娃。千騎擁高牙。乘醉聽簫鼓，吟賞煙霞。異日圖將好景，歸去鳳池誇。

——〈望海潮〉

北宋 王詵 繡櫳曉鏡圖
台北故宮博物院藏

這是對杭州富庶繁華的生動描繪。據說，這首詞傳唱甚廣，後來被金國皇帝完顏亮聽到後，「欣然有慕於『三秋桂子，十里荷花』，遂起投鞭渡江之志」。

柳永的都市風情詞，有粉飾太平、方冀進用的考慮。但當他屢試不中後，漸漸對科舉不滿，並反映在那首著名的〈鶴沖天〉中，就是滿腹懷才不遇的牢騷：

黃金榜上。偶失龍頭望。明代暫遺賢，如何向。未遂風雲便，爭不恣狂蕩。何須論得喪。才子詞人，自是白衣卿相。煙花巷陌，依約丹青屏障。幸有意中人，堪尋訪。且恁偎紅翠，風流事、平生暢。青春都一餉。忍把浮名，換了淺斟低唱。

據說，仁宗聽到這闕詞後頗為不悅，特意讓他落榜，並說：「且去淺斟低唱，何要浮名？」柳永索性從此自稱奉旨填詞，寫下大量為妓院樂坊歌妓而作的俗詞。

柳永用直白熱烈的語言，寫下的大量描寫市井生活的俗詞，也讓他為當時文壇名流歐陽修、晏殊、蘇軾等人所不待見。事實上，這與主流詞壇的創作觀念有關。當時的高官歐陽修、晏殊、蘇軾等人，受南唐詞影響較大。之前後蜀、南唐兩個寫詞中心，西蜀的詞多為應歌之作，拿給歌女唱的代言體；南唐代表詞人李璟、李煜、馮延巳等人，則屬於不用應歌謀生的上層社會，所寫之詞更多屬於自發抒發，用詞也比較典雅，所謂「詩客曲子詞」。

由此帶來的雅俗之辯，在詞史上留下多段公案。一方面，晏殊、蘇軾都曾對柳永〈定風波〉中類似「彩線慵拈伴伊坐」之類的俗詞表示不屑。但對詩詞甚為內行的蘇軾，又對柳永的雅詞頗為肯定，甚至將其視為自己的競爭對手與寫作標杆。宋人俞文豹《吹劍續錄》記載，蘇軾問一個善歌的幕士：「我詞比柳詞何如？」那人答道：「柳郎中詞，只好十七八女孩兒，執紅牙拍板，唱『楊柳外（岸），曉風殘月』。學士詞，須關西大漢，執鐵板，唱『大江東去』。」蘇軾聽後為之絕倒。

宋詞到了蘇軾手裡，境界真正開闊起來。在宋人一般觀念中，詞為「詩餘」、「小詞」，「小」既包含文人的輕視，也是相對於當時的「大曲」（大型組曲）而言。蘇軾將詞視為「詩之苗裔」，「以詩為詞」寫一切題材，真正達到「無意不可入，無事不可言」的境地。例如他用詞來寫「悼亡」這樣嚴肅的內容，足見其對詞的看重。此即著名的〈江城子．乙卯正月二十日夜記夢〉：

十年生死兩茫茫。不思量。自難忘。千里孤墳，無處話淒涼。縱使相逢應不識，塵滿面，鬢如霜。夜來幽夢忽還鄉。小軒窗。正梳妝。相顧無言，惟有淚千行。料得年年腸斷處，明月夜，短松崗。

元豐二年（西元一〇七九），由於烏台詩案，蘇軾被貶黃州，仕途遭遇毀滅性打擊，沒想到卻自此改寫了宋代文學史。黃州五年，蘇軾僅寫作一百多首詩，卻寄情於詞，寫下包括〈念奴嬌．赤壁懷古〉在內的大量名作。其間蘇軾的心理頗可玩味，一方面他不輕視詞，一方面也受到之前寫詩的教訓，覺得寫詞相對安全。無論如何，那些抒發個人情感的成功之作，流布全國，影響了許多後來的詞人。

自蘇軾起，兩宋詞壇也隱然形成兩派，一派更為注重文辭內容，一派則偏重音律，更考慮演出效果，前者繼蘇軾之後的代表便是南宋大詞人辛棄疾、陸游，後者從柳永、周邦彥、李清照，一直到南宋中後期的姜夔，各自綿延不絕。比起蘇軾，辛棄疾「以文為詞」，在詞的題材與語言試驗上走得更遠。

高潮也往往蘊含著衰落，當自我抒懷的詞作日漸變成一種並不考慮演唱的案頭讀物，配樂而作的詞，便逐漸成為一種單純的抒情文體。此外，由於古人沒有保存演出的技術手段，舊的曲調被不斷忘卻，宋末隨著新的音樂形式流行，流淌於音樂之中活潑的詞作，衰落的命運已無可避免。

淺斟低唱，佐酒清歡

金 武元直 赤壁圖 台北故宮博物院藏

儘管原汁原味的唱詞已杳不可尋，但只有了解詞在宋代特殊的演唱環境與演唱群體，才能理解宋詞特有的風格。例如前文所述那個關於柳詞與蘇詞區別的著名故事中，我們會發現不同風格的詞，需由不同的歌者以不同方式演唱，在「樂、辭、唱」一體的曲子詞中，宋人把「唱」放在了關鍵的地位。

詞在宋代的演唱主要分為小唱、群唱（群謳、合唱、齊唱）、歌舞演唱等幾種情形，其中以小唱最為普遍，從勾欄瓦舍的商業演出到皇家宮廷宴會，官府宴會、士大夫的雅集聚會以至家宴，無不採用。所謂小唱，耐得翁在《都城紀勝》的解釋為：「小唱，謂執板唱慢曲、曲破，大率重起輕殺，故曰淺斟低唱。」

手執拍板，淺斟低唱，確實非常適合佐酒清歡。事實上，在唐代青樓中喝酒娛樂時所唱的詞，主要目的在於勸酒。不但許多詞牌與酒有關，每句詞背後還保留著「舉杯」兩字，可以推想，大概是唱一句喝一杯的意思。

到了宋代，不論在民間的紅燈區，還是士大夫家中，詞依然伴隨著酒宴娛樂演出。這與今天的情形沒有太大區別，最大的區別在於今天沒有彼時士大夫所養家妓一說，更沒有當時上層社會公開的對色情的開放程度。然而在宋代，唱曲子詞逐漸形成以女性演唱為本色的傳統。

蘇門六君子之一的李廌在名為〈品令〉的詞中，調侃一位擅長唱詞的老翁：「唱歌須是，玉人檀口，皓齒冰膚。意傳心事，語嬌聲顫，字如貫珠。老翁雖是解歌，無奈雪鬢霜鬚。大家且道，是伊模樣，怎如念奴？」可見當時雖然尚有男性歌者，但在宋人看來，唱詞應該由唇紅齒白、嬌柔漂亮的女孩來唱才好。

特殊的演出場合——酒宴歌席，特殊的演唱者——嬌柔女子，在很大程度上決定了宋詞的風格，必然偏於婉約柔媚。其實，早在後蜀宮廷豪門那些為歌而作的詞便是如此。花間詞人的代表溫庭筠，依附豪門為以女性為主的教坊樂工填詞，為了適合演唱者的身分，「以男子而做閨音」，專寫女性視角的傷春悲月及對愛情的想像。

到了宋代，無論是市井的青樓酒肆，還是士大夫的家宴，對曲詞的需求都大大增加。席間被歌妓索詞，儼然成為一種酒宴文化，而即席演唱某位在座客人的詞，顯然也是一件令賓主雙方都感快意的風雅之事。柳永的好多俗詞，就是為歌妓而寫的即興之作。

蘇軾在杭州當太守時，更幫所有官妓每人寫一闕詞。離任之時，有位官妓說尚未寫給自己，我們這位才情無限的大文豪，很快便寫了一首給她。因為是寫給席間某人的即興之作，在詞作中便得加入符合其身分的應景之語。一次，蘇軾與外甥們在永安城樓上賞月喝酒，在座客人中剛好有善吹笛者，酒興大發的蘇軾很快「援筆作樂府長短句，文不加點」，在這首名為〈念奴嬌〉的詞中便有「老子平生，江南江北，最愛臨風笛」之語。

在賈文元擔任大名府太守時，一次以官宴接待歐陽修。宴會上，官妓特意演唱數首歐陽修的曲詞勸酒，歐陽修聽得高興，連連滿飲。

宋 馬遠 華燈侍宴圖
台北故宮博物院藏

有時實際的現場演出效果，也會對詞的內容產生直接影響。史料記載，南宋理宗時，太子有次請皇帝皇后賞花聽曲，唱的正是李清照的〈聲聲慢〉：「尋尋覓覓，冷冷清清，淒淒慘慘戚戚。乍暖還寒時候，最難將息。三杯兩盞淡酒，怎敵他、晚來風急！雁過也，正傷心，卻是舊時相識。」樂妓才唱了一句「尋尋覓覓」，理宗聽得不耐煩，打斷樂妓：「這首詞太愁苦，換一首吧！」太子隨即下令陳鬱現場填詞，便是那首歌頌太平的〈快活聲聲慢〉：

澄空初霽，暑退銀塘，冰壺雁程寥寞。天闕清芬，何事早飄岩壑。花神更裁麗質，漲紅波、一奩梳掠。涼影裡，算素娥仙隊，似曾相約。閑把兩花商略。開時候、羞趁觀桃階藥。綠幕黃簾，好頓膽瓶兒著。年年粟金萬斛，拒嚴霜、綿絲圍幄。秋富貴，又何妨、與民同樂。

這首華詞麗句歌頌太平的應制詞，與原作風格迥然不同，但無疑更適合當時歡樂祥和的賞花活動。在酒筵歌席的演出場合下，像「大江東去」那樣的豪放詞，得到的演出機會註定很少。事實上，即使以豪放詞人著稱的蘇東坡，所存的三百五十多首詞裡，與酒筵歌席無關的詞作也僅有四十多首，其中真正能稱上豪放詞的不過七、八首。因此有學者否認宋詞中有所謂豪放派的存在。無可置疑的是，在蘇軾、辛棄疾等人的推動下，作為獨立文體的詞，案頭屬性越發明顯。也正因此，當一代之新音樂成為過眼雲煙時，那些寄託無限深情的詞作，依然被人們傳誦不已。

宋畫：神遊山水林泉間

從汴梁到臨安，繪畫風格大異其趣。北宋時期的繪畫講求雍容華貴，下筆嚴謹細緻，到了南宋，經歷國破和逃亡的藝術家們不得不開始觀照內心，在看似紛雜的萬象之下尋找真理。他們不炫技，而是用最簡單的題材完成繪畫。

本篇作者張星雲。

北宋：觀畫而生意

李唐在徽宗政和年間赴開封參加當時朝廷舉辦的翰林圖畫院考試。為了能保證招入的畫家既有一定繪畫功力，又具備文化藝術修養，宋徽宗往往親自以古人詩句命題，讓考生作畫，以期達到「意高韻古」的效果。

當時李唐在考試中拿到的題目是「竹鎖橋邊賣酒家」，眾考生作畫時都在酒家上做功夫，只有李唐畫中在橋頭竹外掛一酒簾，巧妙地表現了題眼「鎖」字，得到徽宗賞識，補入畫院，由此成為南北宋山水畫承上啟下之人。

自宋太宗雍熙元年（西元九八四年）創立到徽宗即位之前，北宋翰林圖畫院已延續了一百一十餘年。從宋太祖開始的「興文教、抑武事」逐漸發展，各項制度齊備，國家畫院良性運行。儘管如此，在宋徽宗之前，除士人畫家、北宋山水畫三位代表人物關仝、李成和范寬以外，北宋前中期官方背景下的畫院山水畫雖然承接唐五代宮廷青綠山水[1]和士人水墨山水，但表現相當低迷。

早期來自南唐宮廷的山水畫家趙幹，在宋初畫院為「學生」，深受唐代士人山水畫家王維的影響，臨摹其畫作，雖成就不高，但有「窮江行之思，觀者如涉」的特點。

---

1 青綠山水畫，山水畫的一種，以石青、石綠為主色的山水畫。以表現色彩豔麗的林泉山水。有大青綠、小青綠之分。前者著色濃重，後者是在水墨淡彩的基礎上薄施青綠。青綠山水畫始創於唐代，盛於明代，但繪法難度很大。

水墨山水畫，就是純用水墨不設顏色所作的山水畫。其始於唐，成於宋，與於元，發展於明清。講究筆法層次，立意雋永，氣韻生動，表現技法以水墨為主體。

之後，燕文貴、高克明皆受宋初士人山水畫家李成的影響。二人山水畫法在當時畫院極有市場，但力圖真實表現自然山水的實驗並沒有成功。如今來看，宋代山水畫真正的發展，還是依靠最高權力皇帝的旨意。

畫院畫家郭熙最初的繪畫技法同樣學自李成，被公認為李成傳派，畫史合稱「李郭畫派」。郭熙深得宋神宗喜愛，很快連跳幾級升為翰林圖畫院最高職務「待詔」。他將北宋畫院的山水畫推向真實細膩的微妙變化境地，並賦予強烈情感色彩，由此開創了北宋山水畫的發展時期。

宋 郭熙 早春圖
台北故宮博物院藏

郭熙不僅繪畫上高人一等，他撰寫的《林泉高致》也被視為宋代山水繪畫理論方面的最高著作。在這部著作中，郭熙認為山水畫的價值在於能使觀者身臨其境。他說，一個真正喜愛山水的人，也許困於現實情況而不能使夢想成真，無法遨遊於山石林泉間，但是人們可以神遊於山水繪畫中。「看此畫令人生此意，如真在此山中，此畫之景外意也。」他認為能夠畫出這種山水的人，本身一定要和山水建立親和的關係，觀察山水在陰陽四時、晝夜晨昏間的變化，保持敏感性，透過繪畫技巧捕捉到所有景致。他根據自身經驗總結出「春山淡冶而如笑，夏山蒼翠而欲滴，秋山明淨而如妝，冬山慘澹而如睡」的山水作畫原則。

在《林泉高致》中，他提出山水畫表現中視點、布局變化的「高遠、深遠、平遠」三遠法：「自山下而仰山顛，謂之高遠。自山前而窺山後，謂之深遠。自近山而望遠山，謂之平遠。高遠之色清明，深遠之色重晦，平遠之色有明有晦。高遠之勢突兀，深遠之意重疊，平遠之意沖融而縹縹緲緲。」在郭熙存世畫作中，〈關山春雪圖〉合用「高遠」和「平遠」，〈早春圖〉「三遠」皆有，而〈窠石平遠圖〉則為「平遠」。

〈窠石平遠圖〉描繪的是深秋時節平野清曠的景色。整幅畫面集中在底部，給人一種不穩定的感覺。郭熙利用高聳的松、岩作為參照物，創造了廣闊的空間感。近景山石樹木墨色濃郁，刻畫工細，而遠景淡墨粗筆，山巒並不清晰，甚至部分選擇不勾輪廓。中國山水畫中的氣氛透視法在這幅畫中非常明顯，郭熙以逐漸淡化的顏色來描繪逐漸遠去的景物，暗示一種氣氛正介入看畫人和景物之間，來製造幻覺上的空間和距離感。繁複的細節沒有削減構圖的連貫性，一道溪流從遠景蜿蜒而來，遠近就此結合，成為妙筆。窠石平遠圖回應了《林泉高致》的要求，邀請觀畫者透過想像漫遊於畫中山水間。這種親近觀畫者的手法，在之後兩個世紀主宰了中國山水畫。

神宗喜愛郭熙時，宮裡甚至出現「一殿專背熙作」的盛況。然而郭熙的好運止於神宗，哲宗即位後，他的畫被「易以古圖，退入庫中」，甚至淪為抹布，隨意賞賜眾臣。雖然如此，在翰林圖畫院外，郭熙的畫在士大夫間仍有市場。蘇軾、蘇轍、黃庭堅、文彥博等人都有讚賞郭熙作品的詩。而郭熙在山水畫中取得的重大突破，則徹底影響了整個北宋院畫山水繪畫風格：透過平遠、高遠、深遠三遠法，取自然中大山長水做客觀、寫實性的表現，中央大山堂堂，四周群峰環繞，氣勢磅礡。

縱觀南北兩宋畫院畫法，皆有宮廷審美和皇帝導向的干預，宋徽宗便是其中最甚者。北宋翰林圖畫院在徽宗時期獲得完全的發展，便是由於徽宗趙佶嗜好書畫，重拾繪畫藝術發展。因此彼時畫家待遇與畫院制度都出現了很多超越前代的革新，南宋著名畫論家鄧椿在其《畫繼》中就記載：「諸待詔每立班，則畫院為首，書院次之，如琴院、棋玉百工皆在下。」

宋徽宗在崇寧三年（西元一一〇四年）著手興建「畫學」，將繪畫與科舉功名聯繫在一起，並制定學制、教學計畫、課程、招生和考試制度。大觀四年（西元一一一〇年），徽宗下詔將「畫學」併入翰林圖畫院，由此教學與創作繪畫的兩大體系合二為一。徽宗朝尾聲宣和年間，畫院體系已經非常發達，由此得名「宣和畫院」。

在這一體系下，產生了眾多畫家，王希孟便是宣和畫院的結晶。王希孟在畫學當學生時，曾數次獻畫，獨具慧眼的徽宗覺得他畫得不怎麼好，卻由此「知其性可教」，於是「親授其法」，王希孟因而畫藝大進。半年後，十八歲的他畫出著名的〈千里江山圖〉。

清代宋犖在《論畫絕句》附註中說王希孟在完成此卷後不久便去世。因此〈千里江山圖〉是這位年輕早逝的天才畫家留下的唯一作品，以長卷的形式，青綠重設色描繪宋徽宗朝萬里山河。構圖上平遠、高遠、深遠三遠結合，在繼承傳統唐代青綠山水的畫法基礎上，用筆極為精細，人物雖細小如豆，但形態栩栩，沒骨法畫樹幹，皴點畫山坡。作者有意在單純統一的青綠色調中尋求變化，以赭色作為襯托。此卷被視為青綠山水畫中的傑作，也是中國十大傳世名畫之一。

宣和畫院的另一個作用便是為南宋畫院儲備人才。不少宣和畫院的畫家在當時並不知名，但經過南渡南宋紹興畫院後，卻成為復興的中堅力量，李唐便是其中之一。

南宋：新的抒情意趣

直至北宋宣和末（西元一一二六年），李唐升任畫院最高技術職務「待詔」。然而此時金兵已經大舉入侵，內憂外患的北宋搖搖欲墜。到了靖康二年（西元一一二七年），金兵破都城汴梁，徽、欽二帝及趙氏宗族三千多人被俘。北宋亡，興盛一時的宣和畫院遭罷廢，畫家四散飄零。

千里江山圖（局部）

在南北宋交接亂離之後，李唐歷盡艱苦從北方出發至南宋都城臨安。途經太行山時，被強盜蕭照劫掠，打開行囊一看，全是粉奩畫筆，一問才知是畫院待詔李唐，蕭照於是不再做強盜，跟隨李唐學畫，後來也進了南宋畫院。

李唐初到臨安時，人生地不熟，生活沒有著落，只能靠賣畫為生。一次偶然機會，南宋畫院的行政主管「中使」認出了李唐畫跡，才讓李唐有機會重回畫院。消息傳到了宋高宗那裡，宋高宗本就熟識宣和畫院時期的李唐，於是讓李唐在南宋畫院復職，職務仍為待詔，授李唐成忠郎，賜金帶。雖然宋高宗無意恢復中原，重用主和派，但卻對畫學十分重視，特別是他需要繪畫來服務政治，集結畫家創作。

此時李唐已經七十多歲，遷居杭州不到十年便去世了。但李唐晚年竭力重整新畫院，以至整個南宋時期沒有一個畫家不在某方面追隨過他。李唐屬於范寬傳統，喜歡畫飽經風蝕、灌木叢生於頂的懸崖或山谷。

巨幅山水〈萬壑松風圖〉便是他北宋時期畫作的代表。畫面正中為主峰，峭壁懸崖間有瀑布泉水，白雲繚繞，茂密高大的樹林鬱鬱蔥蔥，整個景物給人的逼迫感很強，加上厚重的筆法，非常有氣勢。其中為了表現質

地堅硬，李唐勾勒山石和描繪岩石層面的筆法稱為「斧劈皴」，這種畫法源自范寬的「雨點皴」，但李唐使用了較寬的臥筆，代替了范寬整潔的墨點。畫筆作皴法時運筆多頓挫曲折，落到畫面上效果很像用斧砍下的木柴，由此得名。

但彼時萬壑松風圖這種北宋畫家雄渾境界的大幅山水，卻已經不適合表現南宋風土與南宋人的精神世界。西元一一三八年南宋建都於今杭州。朝廷從河南來到富饒的江南丘陵地帶，杭州西湖兩岸的詩情畫意正在畫院中誕生一種新的抒情趣味。北方崎嶇的山嶺、風蝕的平原，現在已經不適合江南溫和的情緒。

於是，李唐的畫面由全景構圖轉向局部構圖，圖畫本身從一個完整的世界縮到自然的一角。觀畫者不再漫遊於景色山林間，偶然停下腳步觀賞局部細景，而是直接沉浸在局部選取的整幅畫面帶來的寂靜之中。畫家把山、樹、霧作為連貫的形象描繪，大量簡化畫面。

李唐在「奇峰萬木」中，展現了一種冷靜而高超的霧中山景。這種此後在南宋山水畫裡頻繁出現的瀰漫雲煙越發削減了實體感。雲煙不再局限於懸崖的底部，或者用來遮掩難以轉折的構圖，雲霧在山峰之間無邊無際地飄蕩，

李唐　萬壑松風圖
台北故宮博物院藏

超越了圖畫的界限，甚至飄出畫面之外。

作者希望將觀畫者的幻想引到畫面外的整個世界。它的空茫感不像以前一樣，要依賴高山峻嶺和幽壑深谷來展現，而是靠空間感勾引出來。岩、林間的渺渺空白，在表現作用上與岩、林本身一樣重要。

李唐的這種風格被證明更適合畫院從北宋到南宋的轉型，雖然一部分畫家沿襲北宋雄厚壯闊全景式山水畫，但大部分山水畫家都採用了李唐的畫法，並持續不斷地向恬淡而親切的畫風演變，形成南宋院畫山水的基礎。

繼劉松年之後，馬遠和夏珪被同樣視為李唐的追隨者，李、劉、馬、夏並稱「南宋四大家」。雖然馬遠和夏珪兩人都沒有做過李唐的學生，李唐去世的時候兩人甚至可能都還沒有出生，但兩人被視為那一時期李唐轉變畫風最遠的延伸。

馬遠出身繪畫世家，他的父親、祖父和曾祖父都曾奉職於畫院。他手中成熟的風格部分來自家庭傳統，雖然對角線構圖和山石的描繪筆法完全取自李唐，但其他地方都變了。馬遠推進了李唐斧劈皴水墨山水畫風，截取局部畫面，布局多做邊角處理，人號「馬一角」。[2] 在他筆下，自然被馴服，被理想化，除了展現最讓人嚮往的景致之外，其他現實本應存在的元素都被畫家摒除。

2 南宋畫院軼事：南宋畫院裡，許多畫家都各有綽號，如劉松年居住在清波門，稱「暗門劉」；王輝因慣用左手，稱「左手王」；馬遠畫山水擅長取景，以邊角之小而見風光之大，稱「馬一角」；夏圭喜用一角或半邊構圖，故稱「夏半邊」。

馬遠的〈踏歌圖〉描繪群峰下農民載歌載舞的情景。雖然還保留了北宋全景式構圖，但他透過邊角式截取多處局部景致合成全幅畫作。他在用筆上擴大了李唐的斧劈皴法，畫山石用筆直掃，風格更加粗獷，見棱見角，稱為「大斧劈皴」。在輪廓鮮明的前景山石和被稱為馬遠「拖枝」風格的松樹之後，雲霧替代了中景，而直接轉至遠景。觀者的視野自然就落入這片渺茫的雲霧之中，從物質世界進入一個沒有實質的境域。整幅畫氣氛歡快、清曠，畫中人物的姿態表現了北宋山水畫中沒有展現出的安全感，不像北宋山水中的人物，往往和觀畫者一樣，震撼於環境的雄偉神祕之中。

郭熙或其他早期山水畫家作品中那種豐富而有趣味的細節全都消失了。馬遠的〈行徑春行圖〉、〈石壁看雲圖〉、〈雪灘雙鷺圖〉等畫大量削減不必要的成分，多將視點拉近作局部特寫。那片空茫所挑起的言外之意，把他的主題籠罩在一片感性之中。

夏珪的構圖進一步簡化，減少實體，與北宋山水的風格區別越來越大。他幾乎完全不描寫實物的表面細節，並使用了更多的霧來朦朧畫面，因往往構圖時將元素布局在一側，又被稱為「夏半邊」。繪畫時他將線條削減到最疏少的程度，而且大部分只用來勾勒渲染面的邊緣輪廓。利用他的「拖泥帶水皴」，寥寥數筆，水墨淋漓，產生的漸次渲染效果，畫面留白之處，成了南宋畫家的標誌。

夏珪現存的作品大部分是小幅山水，觀者一眼便可將景致盡收眼底，每一構成部分都以其本身簡明而純淨的視覺形象存在著。「溪上清遠」可謂夏珪最卓越的作品，更因南宋此時紙本逐漸取代絹本，成為繪畫的主流素材，畫家們在紙本上使用水墨和皴法更加得心應手。

同時，南宋山水畫面中流露出這種情緒的淨化，也表明所有構成部分都為達到某種特定效果而產生。這種特定效果可理解為兩個部分：留白、詩意的畫風是南宋朝廷國策的主流，畫家筆下的歡美花園迴避了南宋荒亂的現實。

因此，南宋四家在後世藝評中褒貶不一。元代山水士人畫派主張「古意」、「以書入畫」，「元四家」成為主流，開始批判李唐。待到明代初期至中期，浙派興起占據主流，戴進等人力學南宋四家，李唐的影響力再次加強。此後「吳派」、董其昌、「四王」逐漸興盛，推崇「元四家」，繼而南宋四家再受冷落，一直到二十世紀初，「南宋四家」影響逐漸擴大。

院外之論：畫以形似

翰林圖畫院外，另一股力量也在決定著中國山水畫的走向。正統畫論認為，描繪某特定事物或景色的繪畫應該在觀眾心中勾起與他看到實物真景時同樣的想法和感受，「應目會心」，因此畫家需要忠實地表現自然形體。但以蘇軾為首的士大夫文人圈子促生了新的繪畫理論，受到儒家思想寄情寓興的影響，文人畫家認為，作品的本質是為了反映畫家本人的品質，表現內容來自畫家的心靈和情緒。蘇軾曾說：「論畫以形似，見與兒童鄰。」西方繪畫提出這類想法要遲至十九世紀。

北宋末年，蘇軾和好友文同、米芾、李公麟均以此法作畫，被稱為「墨戲」，歸為「文人畫」，儘管蘇軾等元祐黨人在徽宗朝受到打擊，但沒有影響其畫學思想在畫院傳播。宋室南渡建都臨安，改變了徽宗朝在政治上無情打擊元祐黨人的策略，進而轉為推崇元祐蘇學。李唐南北宋之交畫風轉變，以及馬遠、夏珪「一角半邊」式山水畫風的成熟，或多或少都有北宋「文人畫」的影響。

可以說，南宋後期的院畫風格也受到了文人畫的影響，這種影響很可能不是由畫院自上而下而來，而是由畫院畫師內心的轉變，在淪落江南，苟安一隅之時，即便身處宮廷，自身或許更易受到文人畫的觸動。但這一視角也成為舊時評論家和文人畫貶斥南宋山水畫的依據，從政治角度認為馬遠、夏珪的「邊角之景」是南宋偏安「剩水殘山」的反映。

南宋 馬遠 踏歌圖
北京故宮博物院藏

與此同時，南宋梁楷、牧溪受完全使用水墨畫法的米友仁文人畫影響，在畫院外將山水畫進一步發展。梁楷曾是南宋畫院最高級別的畫師，但畫風簡略、粗獷的他不願受到畫院限制，辭職來到西湖附近的六通寺，六通寺的住持便是禪宗大師無准的弟子牧溪，兩人一起將文人畫引向了一個高度。

南宋的沒落使得中國禪畫[3]和文人畫進一步結合。北宋時期的繪畫講求雍容華貴，下筆嚴謹細緻，儒家「格物」的精神已經不再需要，經歷國破和逃亡的藝術家們不得不開始觀照內心，禪宗思想融入畫裡，在看似紛雜的萬象之下尋找真理。他們不炫技，而是用最簡單的題材完成繪畫。牧溪的〈瀟湘八景圖〉甚至可以看出大寫意的端倪。

然而，畫院外的力量終歸無法抗衡正統畫院的主流思想，梁楷、牧溪的繪畫風格此後長期受到評論界的打壓，各朝畫家更是不敢模仿，直至後世金農、八大山人等才重新發掘其中的美，並對他們的作品推崇備至。而他們的作品大部分在南宋期間經由貿易流入日本，對日本禪意美學產生了重大影響，延續至今。

---

3 禪畫，中國禪宗獨有的藝術表現形式之一，不同於一般的宗教畫，是以畫來表現禪理，故筆簡意足，空闊純淨，體現了直指本心的簡約主義。禪畫始於唐代，王維首開先河，其後有貫休這樣的大家。到宋代，馬遠、夏圭為禪畫大家。禪畫不拘題材形式，空寂古拙，無理無心，瘋癲活潑，方法平常，流露自然。禪畫畫家，亦往往是至情至性之人。

宋茶：不枉人間住百年

在宋代，茶已成為風靡全國的飲料。當時流行的鬥茶，有尚白鬥浮鬥色者，也有不計茶湯顏色而注重茶之香、味品鑑者。這種原本源自福建建安民間的沖茶方式，經士大夫的進一步發揚光大後，成為上流社會雅致閒情的一項日常活動。

本篇作者艾江濤。

「茶興於唐，而盛於宋。」在市民經濟繁榮的宋代，正如南宋詩人吳自牧在《夢粱錄》中所說「蓋人家不可缺者，柴米油鹽醬醋茶」，茶已成為風靡全國的國飲。

茶事之盛，除了市民經濟的發展，更多得益於從皇帝到文人士大夫的整體投入。自北宋太宗初年初步建立北苑（在福建建安，今福建建甌縣境內）官焙茶園起，宋代貢茶體系到徽宗年間逐步發展到精雕細琢、登峰造極的程度。徽宗皇帝所寫的《大觀茶論》，更成為史上唯一一部由皇帝撰寫的茶書。

與此同時，在貢茶體系影響下，宋人一改唐人的煎煮法，形成以點茶法為主的飲茶方式。唐人煎煮法的基本流程是，根據喝茶人數，先將適量的茶餅碾成茶末，待鍋中的水燒到第二滾時，先舀出一碗，然後將茶末從鍋心放入，同時用竹莢在鍋中攪動，加入調味之鹽，等水再開時，將之前舀出的水再倒回鍋中。這種所謂「育華救沸」的方法，類似今人煮餃子時的多次加水。茶水煮好後，分入茶盞供人享用。而點茶法則要將研磨好的茶末，事先在茶碗中以少量開水調成均勻的茶膏，之後一邊注入開水一邊用茶匙（茶筅）擊拂。

這種原本源自福建建安民間的沖茶方式，逐步流行全國。向來追求精細生活的宋人，又將在點茶基礎上形成的分茶技藝，進一步發揚光大，使其成為陸

夜聞賈常州崔湖州茶山境會想羨歡宴因寄此詩
（唐）白居易

遙聞境會茶山夜，
珠翠歌鐘俱繞身。
盤下中分兩州界，
燈前合作一家春。
青娥遞舞應爭妙，
紫筍齊嘗各鬥新。
自嘆花時北窗下，
蒲黃酒對病眠人。

游詩中所描繪的「晴窗細乳戲分茶」，代表士大夫雅致閒情的一項日常活動。而最能體現這種生活方式精緻之處的活動，便是在多幅宋畫中所描繪的、宋代風靡一時的鬥茶活動。

鬥茶：茶尚白、盞宜黑

較早以鬥茶為題材的畫作，主要有南宋劉松年所創作的〈茗園賭市圖〉與〈鬥茶圖〉。據《南宋院畫錄》的記載，劉松年為錢塘人，居住在清波門（又名暗門）外，人稱「暗門劉」。這位歷南宋孝宗、光宗、寧宗三朝的宮廷畫家，擅長山水，精通人物畫，後人將他和李唐、馬遠、夏珪並稱為「南宋四家」。

〈茗園賭市圖〉一般被視為中國茶畫史上最早反映民間鬥茶的作品。在畫卷描繪的集市左側，有四個提著湯瓶的男子在鬥茶，一位端著茶盞剛剛喝完，似乎正在品茶，一位正要舉盞喝茶，一位拿著湯瓶正在沖點茶湯，一位喝

南宋 劉松年 茗園賭市圖 台北故宮博物院藏

完茶正用袖子擦拭嘴角。而在畫面右邊，一位男子站在茶擔旁一手搭著茶擔，一手掩嘴似在吆喝賣茶，茶擔裡擺放著很多湯瓶與茶盞，茶擔一頭還貼著「上等江茶」的廣告單。畫面左右兩邊各有一個手拿湯瓶、茶盞等茶具的男女，邊往前走，邊回頭看四位正在鬥茶的人。畫面中人物生動，器物細膩，儼然一派南宋市民賣茶、飲茶的生活圖景。

在劉松年的另外一幅作品〈鬥茶圖〉中，四位身背雨具、提著湯瓶、挑著茶擔的賣茶者在市郊相遇，遂在松樹下架爐煮水，品茶鬥茶。

劉松年創作此畫時，北宋風靡一時的鬥茶在南渡之後已漸消歇，因此畫中所繪的鬥茶圖景，已然不是北宋蔡襄以來受建安當地風氣影響所形成的「茶尚白、盞宜黑，鬥色鬥浮」的活動。畫面中鬥茶的核心顯然更偏於對茶湯的品味。由此可見，鬥茶的重心在宋代不同時期不是一以貫之的。不過，這種鬥茶的重心不一貫，在時間的跨度上並非上下接續，而多半處於一種並行的狀態，即在兩宋大部分的時間裡，既有尚白色鬥浮鬥色的鬥茶，也有不

南宋 劉松年 鬥茶圖
台北故宮博物院藏

計茶湯色白色綠而注重茶之香、味品鑑的鬥茶。

如果說品評茶香的鬥茶更易為今人理解，那麼鬥浮鬥色的鬥茶又是何種狀態呢？一切還得回到早在唐末五代初時就在福建地區流行的鬥茶風俗，也就是唐馮贄在《記事珠》中所說的「建人謂鬥茶為茗戰」。

入宋之後，流行福建當地的民間鬥茶，借貢茶之名，很快流布全國，尤其在宮廷士大夫等上層社會中受到推崇。宋仁宗慶曆六年（西元一〇四六年），蔡襄就任福建路轉運使。之前，福建路轉運使丁謂督造的北苑貢茶大龍鳳團餅茶，早已成為譽滿京華的精品。一生好茶的蔡襄到了建安之後，不但改進了制茶工藝，用更為細嫩的原料，添創精美細巧的小龍團，還寫成《茶錄》兩篇上進仁宗，論述北苑貢茶的茶湯品質與烹飲方法。

在《茶錄》中，蔡襄便寫到建安民間鬥茶的具體品評標準。如其在上篇「色」中所說「既已末之，黃白者受水昏重，清白者受水詳明，故建安人鬥試，以清白勝黃白」，點出宋人「茶色尚白」的品評標準。到了宋徽宗那裡，此一標準被進一步細分為「以純白為上真，青白為次，灰白次之，黃白又次之」。

《茶錄》上篇「點茶」記載：「湯上盞可四分則止，視其面色鮮白、著盞無水痕為絕佳。建安鬥試以水痕先者為負，耐久者為勝。故較勝負之說曰：相去一水、兩水。」可見，鬥茶的最終標準在於在茶末中注入開水，擊拂之後產生的泡沫在茶盞內壁貼附的時間，時間越長，水痕出現越晚者，則獲勝，這也正是蘇軾在〈和蔣夔寄茶〉一詩中所謂「水腳一線爭誰先」。

茶末吸附茶盞的專用術語叫「咬盞」，宋徽宗在《大觀茶論》中對其亦有明確解釋：「乳霧洶湧，溢盞而起，周回凝而不動，謂之咬盞。」鬥茶所用的煎泡方式正是點茶，二者的技術要求與評判標準基本相同，唯一區別在於鬥茶要在水腳生出的時間早晚上比較高低。

在宋人詩詞中大量出現的「分茶」，實則是在點茶基礎上進一步發展的一種高超技藝。這種源自五代時期的技藝，名曰「湯戲」或「茶百戲」，要求在分茶階段的注湯過程中，用茶匙（茶筅）擊拂撥弄，使茶湯表面幻化出各種文字乃至花鳥魚蟲的圖案。這種神乎其技的茶藝表演，在注重審美享受的宋代備受推崇，甚至與書法、彈琴等技藝並舉。

鬥茶形成的標準，影響到了宋人點茶、鬥茶的飲用茶具。由於宋代茶色尚白，為了取得較大的反差顯示茶色，之前流行的白瓷青瓷便不太合適，福建當地建窯出產的黑色建盞，便更為適宜。

由於建盞內壁有玉白色毫髮狀的細密條紋，一直從盞口延伸到盞底，類似

南宋　建窯黑釉兔毫斑碗　日本東京國立博物館藏

兔毛，也叫兔毫盞。在蔡襄與徽宗的推崇下，兔毫盞成為宋代點茶、鬥茶的必備器物，也成了宋代點茶茶藝的代表茶具。白茶黑盞所帶來的具有強烈反差對比的審美情趣在中國古代並不多見，獨具時代特色。飲茶方式與器物之間的相互成就，也正是這個原因。而鬥茶風氣的衰歇與建窯燒製御用兔毫盞的時間，亦大致相當。

點茶：佳品，皆點吸之

劉松年的另一幅茶畫「攆茶圖」，則生動地再現了宋代文人雅集中品茶觀書作畫的典型場景，還有點茶茶藝的整個過程。畫面左側的兩人正忙於茶事，其中一人坐在矮几上，轉動茶碾的轉柄正在碾茶，一人手拿湯瓶正在桌邊點茶。備茶的桌子上，井井有條地放置著茶盞、湯瓶、茶盒、竹筅、茶羅、盞托等茶具。畫面右側的一個僧人正在執筆作書，周圍兩人則坐在一旁欣賞。

點茶法，本是福建民間鬥茶時沖點茶湯之法，其逐步成為宋代主流茶藝的原因，至少包含以下幾個方面：在蔡襄寫成《茶錄》並透過坊肆廣為流傳之後，由於皇帝如仁宗對北苑茶及其煎點方式的眷顧，由於龍鳳茶等貢茶作為賜茶的身價日增，也由於文人雅士如蔡襄之流對建安茶及其點試方法的推崇，也由於在大觀年間徽宗趙佶親自寫成《大觀茶論》再度介紹末茶點飲的方方面面。

點茶法流行開後，上層人士形成的觀念是，好茶一定要用點茶法來喝，不好的茶或者粗老茶以及某些地方保留的傳統貢茶，才會用煎煮的來喝。

南宋詩人王觀國在《學林》卷八〈茶詩〉便寫道：「茶之佳品，其色白，若碧綠色者，乃常品也；茶之佳品，皆點吸之，芽孽微細，不可多得，若取數多者，皆常品也。茶之佳品，皆點吸之；其煎吸之者，皆常品也。齊己茶詩曰：『角開香滿室，爐動綠凝檔。』丁謂茶詩曰：『末細烹還好，檔新味更全。』此皆煎茶吸之也。煎茶吸之者，非佳品矣。」

蘇軾在〈和蔣夔寄茶〉中的詩句「老妻稚子不知愛，一半已入薑鹽煎」，更嗔責家人不懂得建安好茶的點茶方法，而按四川傳統習俗在茶中加入薑、鹽煮飲。

考究兩宋茶詩，我們會發現在宋代的煎茶與點茶之間，還隱然有清、俗之別。比如陳與義所寫「呼兒汲水添茶鼎，甘勝吳山山下井。一阮清露一爐雲，偏覺平生今日永」〈玉樓春．青鎮僧舍作〉，陸游所寫「雪液清甘漲井泉，自攜茶灶就烹煎。一毫無復關心事，不枉人間住百年」〈雪後煎茶〉，都隱然暗含有一種清雅的詩情。

來自器物層面的支持則在於煎茶一般用風爐與銚子，點茶多用燎爐與湯瓶。與燎爐相比，風爐自然輕巧得多，當有攜帶之便，且與燎爐用炭不同，風爐通常用薪，則拾取不難，何況更饒山野之趣，詩所以曰「藤杖有時緣石橙，風爐隨處置茶杯」；而所謂「岩邊啟茶鑰，溪畔滌茶器。小灶松火燃，深檔雪花沸。阮中盡餘綠，物外有深意」，更是煎茶獨有之雅韻。

不過詩詞之中的典故多有滯後的現象，古人慣用原來的意象和典故，描寫業已發生的變化，僅憑煎烹等字眼，難以判斷實際飲茶方式。此外，當點茶法成為宋代主流飲茶方式後，社會已然形成好茶當用點茶法的觀念，很難說傳統的煎茶法更為清雅。

無論如何，叫僕人攜帶點茶所需用具的差燎擔子，已成為宋代上層士大夫外出遊玩時不可或缺的一項內容。收入《石渠寶笈三編》的一幅南宋佚名畫作〈春遊晚歸圖〉，所表現的正是這樣的內容。高柳掩映著城樓，面對城樓的林蔭大道入口處是兩道拒馬杈子。大路上，貴人騎馬，二僕從為前導，一人牽馬，另兩名則在馬側扶鐙，馬後眾僕負大帽、捧笏袋，肩茶床，扛交椅。又有一名僕從手提編籠，編籠中的東西為「廝鑼一面，唾盂、鉢盂一副」。最後一個荷擔者，擔子一端挑了食匱，另一端是燃著炭火的燎爐，炭火上坐著兩個湯瓶。顯然，燎爐湯瓶，再加上其他用具，正是點茶必須的一套器物。

在另一幅宋代佚名的〈人物圖〉中，表現了當時典型的文人書齋生活圖景：燒香、點茶、掛畫、插花。這也是最能代表宋人生活與文化趣味的「四般閒事」，點茶逐漸成為文人家居中不可缺失的生活享受。

南宋 佚名 春遊晚歸圖
北京故宮博物院藏

只是，這套為宋人慣用數百年的末茶茶藝，在明初太祖朱元璋下詔罷貢團茶之後正式消亡，除流傳日本發展為其極具特色的抹茶茶道之外，在國內僅成為少數文人玩習的雅事。而其消亡的原因，大概有以下四點：與自然物性相違、高製造成本阻礙普及、摻假製假影響上品抹茶的品質和聲譽、點茶茶藝的泛化。

從茶藝本身來看，其中最重要的也許正是宋人獨一無二地認為榨盡茶葉汁液才能保持好的茶色與茶味，其背後精雕細琢的美學、不計成本的享受不難想像。然而，正如明人田藝蘅所說：「茶之團者片者，皆出於碾磑之末。既損真味，復加油垢，既非佳品，總不若今之芽茶也。蓋天然者自勝耳。」

此後，散茶的時代來臨。

宋 佚名 人物圖 台北故宮博物院藏

附錄

和蔣夔寄茶　（宋）蘇軾

我生百事常隨緣，四方水陸無不便。
扁舟渡江適吳越，三年飲食窮芳鮮。
金齏玉膾飯炊雪，海螯江柱初脫泉。
臨風飽食甘寢罷，一甌花乳浮輕圓。
自從舍舟入東武，沃野便到桑麻川。
剪毛胡羊大如馬，誰記鹿角腥盤筵。
廚中蒸粟埋飯甕，大杓更取酸生涎。
柘羅銅碾棄不用，脂麻白土須盆研。

故人猶作舊眼看，謂我好尚如當年。
沙溪北苑強分別，水腳一線爭誰先。
清詩兩幅寄千里，紫金百餅費萬錢。
吟哦烹噍兩奇絕，只恐偷乞煩封纏。
老妻稚子不知愛，一半已入薑鹽煎。
人生所遇無不可，南北嗜好知誰賢。
死生禍福久不擇，更論甘苦爭蚩妍。
知君窮旅不自釋，因詩寄謝聊相鐫。

和章岷從事鬥茶歌　（宋）歐陽修

年年春自東南來，建溪先暖冰微開。
溪邊奇茗冠天下，武夷仙人從古栽。
新雷昨夜發何處，家家嬉笑穿雲去。
露芽錯落一番榮，綴玉含珠散嘉樹。
終朝采掇未盈襜，唯求精粹不敢貪。
研膏焙乳有雅制，方中圭兮圓中蟾。
北苑將期獻天子，林下雄豪先鬥美。
鼎磨雲外首山銅，瓶攜江上中泠水。
黃金碾畔綠塵飛，碧玉甌中翠濤起。
鬥茶味兮輕醍醐，鬥茶香兮薄蘭芷。
其間品第胡能欺，十目視而十手指。

勝若登仙不可攀，輸同降將無窮恥。
籲嗟天產石上英，論功不愧階前冥。
眾人之濁我可清，千日之醉我可醒。
屈原試與招魂魄，劉伶卻得聞雷霆。
盧仝敢不歌，陸羽須作經。
森然萬象中，焉知無茶星。
商山丈人休茹芝，首陽先生休采薇。
長安酒價減百萬，成都藥市無光輝。
不如仙山一啜好，泠然便欲乘風飛。
君莫羨花間女郎只鬥草，贏得珠璣滿鬥歸。

宋茶東渡與榮西禪師的《吃茶養生記》

日本室町時代「五山文學」的代表性人物之一禪僧希世靈彥，曾寫過〈春院烹茶〉的漢詩，當中使用的詞語，大部分都來自中國的詩文，哪怕是題目「春院烹茶」，其創作靈感，也多半來自宋代詩人蘇軾所作〈試院煎茶〉。飲茶文化到底是如何從中國傳到日本，其中經緯，又是如何與京都五山的禪僧們有關聯呢？

本篇作者（日）高橋忠彥，林佳譯。

宋代的點茶文化與南宋五山

宋代的點茶，如何流傳進入日本，有著各種可能性。這裡暫且首先考察其中一例。不斷前往中國的禪僧們，在當地寺廟過著佛教生活時，接觸了飲茶文化，繼而將其帶回日本。平安時代末期，前往中國的僧人成尋所著的旅遊誌《參天台五台山記》中，已經可以看到「點茶」這樣的詞彙。他自己雖然沒有回到日本，但大概有其他僧侶也接觸了點茶，繼而傳回日本。

博多遺跡群曾經出土十二世紀的文物——建盞。這是專門用於點茶的茶碗，估計也是遠渡中國的僧侶和商人們帶回日本本土的。鎌倉時代初期，東渡又回到日本的僧侶榮西曾經著有《吃茶養生記》以推廣點茶，這可以看作是日本茶道的起始。這樣的說法或許有點過於簡單，但是點茶從這一時期開始在日本正式流行，確是毋庸置疑的。

在進一步探討《吃茶養生記》之前，有必要提及遠渡中國的僧侶們的活動中心，南宋五山十剎[1]正是當時飲茶文化的中心所在。寺廟裡的飲茶習慣，原本是在唐代開元年間產生。彼時泰山靈岩寺的降魔禪師，為了讓坐禪的境界更加提升，在獲得飲茶方法後，開始在寺廟內推廣飲茶。唐宋時期，茶往往成為禪宗寺院的儀禮（清規戒律）。作為清規代表作之一的《勅修百丈清規》中，時常可以看到「點茶」這樣的詞語。根據記載，可以看到年中行事以及特別儀式的時候，雖然也有茶與藥湯一起飲用的通例，但是並沒有詳細記錄有關點茶的程序。宋代的各種清規，在鎌倉時代引入日本後，根據日本的實際情況進行了修改，分別由不同的禪宗流派傳承下來。

無論如何，宋代的禪宗寺院重視「茶」，且將「茶」作為日常飲品，這點是可以確認的。此外，據說在一些寺廟內，還有特別的點茶技術。一般來說，點茶是將茶放到茶碗內，然後注入熱水，接著用茶匙或者茶筅攪拌後飲用。若能很巧妙地用茶匙攪拌，還能在茶水表面畫出各種圖形，與今天時下的咖啡拿鐵拉花有些類似。宋代初期，有些僧侶甚至會在茶水的表面勾畫出動植物的形狀，供眾人觀賞。

這樣的點茶表演，時任杭州刺史的蘇軾曾經觀賞過。值得注意的是，為蘇軾表演的是南宋五山之淨慈寺的僧侶們。在蘇軾的詩〈送南屏謙師〉中，曾經這樣寫道：

> 道人曉出南屏山，來試點茶三昧手。忽驚午盞兔毛斑，打作春甕鵝兒酒。
> 天台乳花世不見，玉川鳳液今安有。先生有意續茶經，會使老謙名不朽。

蘇軾為法師的點茶技巧所感動，將其與有名的天台山的石橋茶，以及唐代盧仝（自號玉川子）的茶並稱。

---

1 南宋時期，禪剎興盛，慶元皇帝趙擴依史彌遠之奏，仿效印度之五山五精舍，定江南禪寺等級，設五山十剎。禪院五山為：餘杭徑山寺，錢塘靈隱寺、淨慈寺，寧波天童寺、阿育王寺。十剎為：錢塘中天竺寺，湖州道場寺，溫州江心寺，金華雙林寺，寧波雪竇寺，台州國清寺，福州雪峰寺，建康靈谷寺，蘇州萬壽寺、虎丘寺。

宋代的寺廟，多有種植經營茶山，特別是以五山為代表的浙江寺院，出產各種名茶。淨慈寺所在地杭州，就出產寶雲庵的「寶雲茶」、下天竺的「香林茶」、上天竺的「白雲茶」。而在位於杭州西北的徑山，也都有種茶。其中白雲茶，就是蘇軾時常在詩歌裡面稱頌的。宋代首屈一指的名茶「日鑄茶」，即產於會稽山日鑄嶺的寺廟。時至今日，徑山寺、阿育王寺、天台山國清寺周邊都還有生產茶葉。在宋代，浙江的寺廟出產優質的葉茶，同時也可以說是葉茶文化的中心。最近的研究，把中世紀傳播到日本的茶樹的遺傳因數特徵進行比較後，發現正是屬於浙江出產的茶樹。這裡可以看出，日本不僅僅茶文化源於中國，同時茶樹也是來自中國浙江。

那麼，宋代浙江的茶文化，到底有哪些特別之處呢？鄰省的福建，將採摘後的茶葉，進行蒸煮、磨碎，再加工製作成塊狀的茶葉。而浙江則是蒸煮後，將其曬乾，乾燥加工製作成葉狀的茶葉。這樣的製作工藝，與現在用來製作抹茶原料的綠茶是類似的。前面提到的日鑄茶就是這類工藝的典型代表。而且浙江各地的寺廟所出產的茶葉，也差不多都是此種工藝的葉狀茶葉。取這類茶，將其搗碎成粉狀，放入茶碗內。普通的點茶泡製方法，就是在茶碗內注入熱水，攪拌後飲用。《吃茶養生記》中的記述，正是這類茶葉的泡製和飲用方法。

南宋 建窯油滴天目 日本名古屋德川博物館藏

南宋 建窯黑釉兔毫斑盞 日本東京國立博物館藏

杭州淨慈寺

天台山國清寺

榮西所著《吃茶養生記》的意義

《吃茶養生記》從其字面意思來看，說的就是「飲茶、養生健體的方法」。榮西曾先後兩次前往葉茶文化中心的浙江留學，回到日本後寫下此書。書裡不僅提到茶的藥理和效用，也提到了桑、沉香、青木香、丁香等中藥材的效用。總體來看，此書不過是介紹和宣傳茶和桑以及其他當時在南宋廣為流傳和飲用的保健飲品而已。撰寫此書的動機是要治病救人，拯救受病痛之患的普羅大眾。而實際上，榮西自己在前往寧波天台山的路上，因天氣炎熱，中暑熱而身體不適，後經茶店主人救助，喝下了丁香熬製的茶水而得以恢復。榮西在此書中也詳細介紹了這個經過。因為茶，榮西深刻體驗了宋代中藥材的藥理效用。

榮西為了拯救受疫病之苦的日本民眾，撰寫了此書，在傳達最先進的醫藥知識的同時，也對茶的使用工藝進行了理論化的總結。茶保有五味（酸、苦、甜、辣、鹹）中的「苦」，有助於心臟，也有利於調和內臟，這些也都可以在密教的記載中看到。

《吃茶養生記》在開頭就寫下「茶，乃傳世萬古流芳的養生仙藥，有延年益壽之功效」的名句，全書也都是為了介紹茶而推廣的有關藥理方面的論述。這些藥理，到底是榮西的獨創，還是中國古已有之，就不得而知，難以判斷了。

《吃茶養生記》中雖然記載了茶的沖泡方式，大致是先放入兩大勺粉狀的茶，再注入三杯左右的熱水，但是沒有敘述具體的步驟。無論如何，都隱含「稍微濃點的茶會有利於健康」的看法。這樣的沖泡方式就是宋代流行的飲茶方式。書中也提到榮西曾在現場觀摩過此類茶的製作工藝和流程。也就是將採摘後的嫩葉蒸煮，再加熱乾燥。這樣的方法，是宋代浙江常用的葉茶的製作工藝。

此外，在《吾妻鏡》[2]中曾經有記載，建保二年（西元一二一四年），榮西向源實朝敬獻《茶記》。這裡非常有可能敬獻的就是《吃茶養生記》。從榮西當時的聲望來看，他大概是在鎌倉時代的武士階級中推廣和普及了飲茶。

在京都，榮西也為飲茶普及而不斷努力。他把從宋王朝帶回來的茶樹，也有可能是茶樹的種子，送給了拇尾高山寺的明慧。這裡所產的茶，在宇治茶成名前，是京都最高級的茶葉。在榮西等人的努力下，鎌倉一朝的飲茶文化得以普及。從浙江引入的茶樹，不僅適宜日本當地的氣候及土壤，還符合主食多以肉類為主的武士社會的需要，一時間成為新的健康飲料。

榮西所修建和開創的京都建仁寺，以及與他有著直接淵源的鎌倉五山，就成為從南宋習得茶文化的禪僧們在日本繼續延續茶文化的場所。尤其是圓覺寺塔頭法日庵的「公物目錄」（按照元應二年，西元一三二〇年的原型而設立），以及「茶道」歷史中重要的唐代文物（從中國傳過來的）如繪畫、書法作品、

2 「吾妻」是地名，日本關東地方的總稱。《吾妻鏡（あずまかがみ）》又稱《東鑑》，是日本的一本編年體史書。全書五十二卷（缺第四十五卷），用變體漢文和日記體裁寫成。該書是鎌倉幕府的官方史書，記載了從治承四年（西元一一八〇年）四月以仁王和源賴政征討平氏，至文永三年（西元一二六六年）宗尊親王歸京的這八十七年歷史。

榮西禪師

建盞等，都非常引人注目。這其中的一部分，就是後來向室町將軍家敬獻的寶物，也間接與「茶道」的正式誕生有關。

天台山羅漢供養茶的含義

東渡前往中國的禪僧，很多都在天台山修行，而在當地有所謂石橋的名勝美景，天然的石頭呈現出橋的模樣，橋下還有瀑布飛出。在這裡供奉著五百羅漢，據說在五百羅漢前供奉點茶，茶盞中會出現奇瑞圖案。之前提到的蘇軾詩篇中的「天台乳花世不見」，說的就是這等奇景。

北宋神宗年間（西元一〇七三年），高僧成尋在《參天台五台山記》中記載了天台山羅漢供茶的勝景：「參石橋，以茶供養羅漢五百十六杯，以鈴杵真言供養，知事僧驚來告：茶八葉蓮華文，五百餘杯有花紋。」這裡說的是，分別在五百羅漢和十六羅漢前，一個接一個地奉上點茶。大概其過程是，在茶碗內放入茶末，一個接一個排好，再相繼注入熱水。

在茶水的表面，會出現八瓣蓮花狀的靈瑞茶花，而蓮花恰好是天台山的象徵，再沒有比這更加令人欣喜的了。這種茶雖說是點茶，卻不用茶匙做出模樣，大概是注入熱水後靜置，或是用茶筅進行攪拌，再靜置，待茶末自然而然地沉澱到杯底，此後杯盞內的茶水表面會出現各種花紋。

榮西在《興禪護國論》裡提到，他曾經在天台的石橋下，「捏少許茶，待其煎出香味，向身居現實世界的五百大羅漢致敬、敬禮」。據後世所傳，榮西曾自誇前世正是萬年寺的僧侶，有所感而得出此言。這裡則是點出了石橋供茶的神祕之處。另一位高僧道元在〈羅漢供養式文〉裡寫道，能在永平寺（日本曹洞宗總本山永平寺）再次看到與「大宋國台州天台石樑」一樣的供茶靈瑞圖案，「再現奇蹟」，稱之為「瑞華」，非常感動。

這樣的「天台山供茶靈瑞奇蹟」，與鎌倉五山[3]多有相關，在記錄日中禪僧交流活動的文學作品裡也多有出現，這裡姑且做些介紹。無象靜照，曾在徑山萬壽寺學習，其後師從圓爾、虛堂智愚兩人，成為淨慈寺的住持。他在景定三年（西元一二六二年）在天台山向羅漢供茶後，又在夢中見到羅漢現身的奇景，感動之餘，與中國的四十一位僧人相互作詩偈酬唱，並留下了《無象照公夢遊天台石橋頌軸》的卷軸。其後，他攜帶此卷軸回到日本。此卷軸內，記載了禪僧之間辯論式的詩偈，再現

宋 佚名 白蓮社圖卷 局部 遼寧博物院藏

當時茶杯內出現瑞華的勝景。

從這裡可以看出，天台山的供茶出現靈瑞圖案的故事，在鎌倉的禪僧間也廣為流傳。當時社會對於茶的看法，從現在看來，既有宗教的意味，更有神祕感在內。從《吃茶養生記》將茶稱為「仙藥」，更有來自「神佛的加持功效」這樣的記載，都可得出同樣的結論。

對鎌倉時代的禪宗寺廟來說，剛從中國遠渡重洋而來的新物品——茶，一方面具提神解睏的功效，有助於僧侶們的修行，是寺院內各種儀式不可或缺的素材；另一方面，與僧侶們的信仰聖地天台山也聯繫在一起，帶有神祕感。而其後以「佗茶」為代表的諸多流派，則是具有特殊的美學以及文化涵養的茶道，尚且還不是鎌倉時代就會產生的。

殘留於繪畫作品中的宋代茶文化

像宋代天台山這樣壯觀的羅漢供茶勝景，以繪畫形式傳播到了日本，同時也在傳達中國的茶文化。存於大德寺的五百羅漢圖就是其中之一。這百餘幅圖是在寧波僧義紹的建議下，由畫家林庭圭、周季常所作。如今在大德寺仍存有

3 日本五山十剎：日本鎌倉末年，效仿中華制度，設立官方禪寺建長寺、圓覺寺、壽福寺、淨智寺、靜妙寺為五山。到室町幕府足利義滿時，五山十剎遂成定制。日本的五山十剎變動次數很多，到十五世紀末甚至有四十六座寺院。五山之上，設僧錄之職，不但負責管理禪寺事務，甚至為幕府起草政治文書。

八十二幅。其中林庭圭所繪正在準備茶水的圖（姑且稱作「備茶圖」），以及周季常所繪供奉茶水的圖（姑且稱作「點茶圖」）最為引人矚目。

備茶圖中，在羅漢身後，有兩位鬼神模樣的侍者。右邊的鬼神正在照看爐子，而左邊坐在地上的侍者，手握宋代典型的茶碾搗茶。在這個碾的右邊，還放著其他宋代特有的茶具，諸如茶臼、茶槌。如此清晰明瞭的有關茶水準備的圖畫，很是稀有，估計這些茶具是用來搗碎塊狀茶葉的。總之，宋代的塊狀茶，由於非常堅硬，飲用前得先以臼將其分塊，再以碾將其碾碎。宋代的浙江雖說葉狀茶已普及，但是供奉給天台山羅漢的茶，卻是一種叫「龜團茶」的茶。

估計是當時最高級的塊狀茶葉，也可以肯定這幅圖中的各色茶具正是用於加工塊狀茶葉的。附帶一提，若是葉茶，多半用石製茶磨加工成粉末。茶磨是從中國傳到日本的，而且沿用至今。至於加工塊狀茶葉的茶臼，卻沒有傳到日本。

另一幅點茶圖中，有四位羅漢，每人手裡都捧著茶托，各自一個建盞。旁邊侍者左手正拿著瓶子，依次幫他們斟水。畫中還描繪了在斟水後，侍者右手持類似茶筅的茶具攪拌的場景——若說畫的是茶筅，看起來形狀偏大，且紅色是非常少見的奇怪顏色。這與《飲茶往來》裡曾經提到的「左手提著水瓶子，右手握著茶筅」的論述雖說一致，看起來也是點茶的典型動作，但有人說它是類似於今天的茶包的物品。不過從當時的飲茶方式來看，可能性不大。

把「備茶圖」和「點茶圖」放在一起看，會發現這些畫本身就是非常詳盡的有關宋代飲茶過程的歷史資料。像這樣類似備茶圖的繪畫，也在日本其他地方收藏著。比如相國寺的十六羅漢圖，其構圖就和這裡的備茶圖非常相似，而且也同樣可以看到放置在茶碾旁邊的茶臼。類似這樣的圖畫，除有茶臼和茶碾一併出現外，省略掉茶臼，又或是拿著茶碾正在搗茶的羅漢圖，在日本其他地方也都可以看到。像這樣省略了茶臼，在羅漢的腳下有個侍童，拿著藥磨子一樣的工具正在搗弄，雖說不明白到底畫的是什麼，但它們的源頭正是點茶圖。日本沒有塊狀茶，因此不了解茶臼的用處，茶臼也就漸漸消失了。另一方面，因為茶碾還可以用來磨碎中藥材，所以得以存留下來。

雖然畫面構圖與這裡的迥異，但也被統稱為點茶圖之一、明兆所繪的〈五百羅漢圖〉，現存於東福寺。雖說是日本的畫僧所作，但觀其寫實手法，也有可能是複製宋、元的繪畫。在此圖中負責準備茶水的侍者，頭上頂著一個托盤，裡面放著將近十來個茶碗、茶托，而旁邊等候茶水的僧人也有數十人之眾。侍者一個接一個，分發茶碗，再以左手的水瓶為他們斟茶。這也是點茶的方式。

類似這樣，保存於日本禪宗寺廟內，描繪宋代飲茶場景的繪畫，正是非常重要的研究中國飲茶文化的資料。

日本南北朝時期的茶文化

飲茶文化因為與禪宗寺廟儀式相關，遂透過種種交流方式，在日本民間漸漸擴散、流行起來。武士社會在接受禪宗的同時，也接受了飲茶文化。新安沖的沉船遺跡[4]即發現大量的茶具。從這裡可以暫下個結論：鎌倉末期，不僅是武士階級，飲茶文化也在日本民間普及。緊接著就出現了稱為「茶寄合」的茶會遊戲。這類茶會中進行的「鬥茶」遊戲，又稱「四種十服」，即四種不同種類的茶葉，分十回飲用，大家來競猜產地的打賭遊戲。根據出土的相關鬥茶箚記《太平記》的記述看，這類「鬥茶」遊戲茶會，在南北朝時期[5]的京都非常流行。

從假託玄惠之名所著的《飲茶往來》（作者不詳）中，我們大致了解當時「茶寄合」（茶會）的盛況。據其記載，在茶亭內擺放著來自中國的各類物品，大家各自品嘗點茶，然後開始玩鬥茶遊戲。其描述略帶文學寫意，而其說明各種不同產地、不同時期的茶的味道如何各異，表現手法則異常雅致，充分描繪了茶文化極盛時期的畫面。

與榮西及其弟子圓爾皆有淵源的建仁寺和東福寺，時至今日還在舉行「四

日本東福寺

方茶會」。其形式是眾香客手持建盞，僧侶們以水瓶幫眾香客斟水，再以茶筅加以攪拌。這是再現《飲茶往來》裡面喝茶的場景。

「茶寄合」從鎌倉以來的傳承看，也許可以說是茶的墮落。夢窗疏石所著的《夢中問答集》裡曾經哀嘆道：「學習唐人喜歡的飲茶，本是為了消食積，通腸理氣，養生之用。服藥是按照每服有一定的劑量，不然過量對身體有害無益。因而飲茶也應該像醫書那樣有所節制。過去盧仝、陸羽關於飲茶，曾說過此乃理氣去滯之用，有助正心修行。我朝的拇尾的上人（明惠），建仁寺的始祖（榮西），也都鍾愛飲茶，奉之為理氣中和，正心修行之物，視之為珍寶。如今的世人飲茶之風看來，養生功效儼然是不可能了。更別提此中有助修行之功效。這是浪費，暴殄天物，更別提有助佛法修行。」

這表明在榮西之後，以修行為目的的茶道漸漸衰落，不再是當時流行的風尚。同時這裡也在批判以「鬥茶」行賭博之事。

從鎌倉到室町時代，茶隨著禪宗寺院的食文化，也深入到了民間。在《庭訓往來》以及《尺素往來》等當時的教科書中，可以看到從南北朝室町時代中期陸續出現的寺廟內舉行法會時設宴招待的概況。在這樣的法會盛典時刻，除了茶，有類似點心、茶點、堅果等食物，還有諸如水晶包子等禪僧們從浙江連

4 新安沉船是二十世紀七〇年代在朝鮮半島西南部新安海域發現的一艘中國元代沉船。該沉船原本預定駛至日本，卻不幸中途沉沒。從該沉船上發掘的文物，比對當時的朝鮮半島與日本文化、歷史，可了解當時中國的對外貿易、瓷器的生產與輸出，還有航行路線等。

5 這裡是指西元一三三一年至一三九二年間日本歷史上皇室分裂為南、北兩個天皇的時代，位於鎌倉時代與室町時代之間。在這段時間裡，兩方有各自的皇位承傳，也各自有朝廷並立對峙。

同茶葉一併帶回日本的各色食品。其中大部分隨著時間推移，都漸漸消失了，如今留下來的還有素麵、饅頭、羊羹等。茶文化對日本的飲食文化有巨大的影響，此後出現的「侘茶」中對於「茶果」的重視程度，其實可以在這裡找到淵源。

從點茶到泡茶——煎茶文化的再生

前面提到，宋代中國有著高度發達的點茶文化，此後中國的飲茶文化，就進入了種類紛繁的時代。日本明治時期的美術家岡倉天心在《茶書》中曾感嘆道，蒙古的入侵嚴重破壞了宋代的文化。元代的統治者破壞了古代中國傳統文化。這一看法雖說有些片面，但對於茶文化而言，卻是言不為過。其中的一個證據就是，看不到這個時代有關茶的專業書籍。介紹北宋中心的北苑茶的書籍，其代表作雖說數量有限，但其後從南宋的《茶具圖賞》，直到十五世紀後半葉朱權的《茶譜》，將近兩個世紀，就幾乎沒有任何新的有關茶的專門書籍。

宋代已經有諸如日鑄茶、雙井茶等有名的葉茶，而傳入日本的也是製作葉茶的技術。用石磨將茶搗碎，再以點茶的方式飲用，是當時的主流形式。另外，透過煮茶的方式泡製的煎茶也保留下來。從元到明代之間，泡製方法獲得改良，很快就演變過渡到使用葉茶直接沖泡的方式。而泡茶，本就是在熱水裡加入茶葉，引出其中味道的簡單飲用方法而已。但讓「用茶葉直接泡出有味道的茶」成為可能的，是在元代出現了被稱為「揉撚」的新的茶葉加工技術。

明代以後，很快從蒸煮加工綠茶的工藝，改進到了透過加熱炒茶的工藝，於是出現大批香味和茶味皆出色的新茶葉。直到這時，中國的茶方才開始了在世界舞台新生的機會。

愛用葉茶來泡茶的明代飲茶愛好者們強調，宋代的塊狀茶以及點茶，多少有些不自然，而明代的飲茶愛好者們，主張自己的沖泡方式才是延續唐以來的煎茶傳統。其實唐代的煎茶用的也是塊狀茶，這與明代的葉茶大相徑庭。明代人不過是用泡茶取代煎茶這樣的說法而已。

總而言之，在明代人的思維裡，唐代的陸羽、盧仝是煎茶的創始人；而宋代的蘇軾、黃庭堅同樣重視煎茶。這裡所謂的煎茶，其實概念是非常模糊的，但若用「受文人愛戴的傳統茶」來替代「煎茶」，倒是在一定程度上說得通。同樣地，在日本，若是在沖泡葉茶與煎茶之間替換，那麼江戶時代「煎茶道」的出現，就顯然與明代人的看法類似。

明代煎茶文化的形成，其原因在於不再拘泥茶的形狀，而是致力於改善和提高用來泡茶的水、茶葉的品質、茶具的選擇，以及飲茶的環境，等等。尤其飲茶的環境，必然追求與隱逸生活的心態和情趣一致的場所。

這裡所謂的「隱逸」，其實指的是「大隱隱於市」的「隱」，即官吏、商人們一方面繼續過他們的生活，同時又可享受閒情雅致。而對這種茶文化的嚮往，根據茶文化書籍的作者所在地來看，主要集中在十六世紀，以蘇州、杭州、寧波為中心的區域。

附錄

試院煎茶　（宋）蘇軾

蟹眼已過魚眼生，颼颼欲作松風鳴。
蒙茸出磨細珠落，眩轉繞甌飛雪輕。
銀瓶瀉湯誇第二，未識古人煎水意。
君不見，昔時李生好客手自煎，
貴從活火發新泉。
又不見，今時潞公煎茶學西蜀，
定州花瓷琢紅玉。
我今貧病長苦飢，分無玉碗捧蛾眉。
且學公家作茗飲，磚爐石銚行相隨。
不用撐腸拄腹文字五千卷，
但願一甌常及睡足日高時。

和子瞻煎茶　（宋）蘇轍

年來病懶百不堪，未廢飲食求芳甘。
煎茶舊法出西蜀，水聲火候猶能諳。
相傳煎茶只煎水，茶性仍存偏有味。
君不見，閩中茶品天下高，傾身爭茶不知勢。
又不見，北方茗飲無不有，酪椒誇滿口。
我今倦遊思家鄉，不學南邊與北方。
銅鐺得火蚯蚓鬥，匙腳扭轉秋螢光。
何時茅廬歸去炙背讀文字，
遣兒折去枯竹女煎湯。

汲江煎茶　（宋）蘇軾

活水還須活火烹，自臨釣石取深清。
大瓢貯月歸春甕，小杓分江入夜瓶。
雪乳已翻煎處腳，松風忽作瀉時聲。
枯腸未易禁三碗，坐聽荒城長短更。

宋酒：從《水滸傳》裡的酒文化談起

《水滸傳》所描繪的梁山泊故事，在南宋瓦子的說書界早已廣為流傳，這有當時的話本《宣和遺事》可以為證。由於故事年代設定在北宋末年，其對當時生活風俗的描寫，尤其是英雄豪傑們最常光顧的酒家、酒店，都有生動而細膩的描述，由此可一窺兩宋時期的酒飲文化。

本篇作者虞雲國。

樊樓：酒樓的樣板

《水滸傳》有兩處以樊樓為場景。一是第七回，陸謙為讓高衙內得手林沖娘子，計賺林沖去樊樓吃酒：「當時兩個上到樊樓內，占個閣兒，喚酒保分付，叫取兩瓶上色好酒，希奇果子案酒。」一是七十二回，宋江元宵上東京（即北宋首都汴梁，今河南開封市），刻畫更為細緻：「出得李師師門來，穿出小御街，徑投天漢橋來看鰲山。正打從樊樓前過，聽得樓上笙簧聒耳，鼓樂喧天，燈火凝眸，遊人如蟻。宋江、柴進也上樊樓，尋個閣子坐下，取些酒食餚饌，也在樓上賞燈飲酒。吃不到數杯，只聽得隔壁閣子內有人作歌……宋江聽得，慌忙過來看時，卻是九紋龍史進、沒遮攔穆弘，在閣子內吃的大醉，口吐狂言。」

樊樓是北宋最豪華的酒樓，位於東京宮城東華門外景明坊。大約北宋後期，當時人已經不太明瞭其得名的來由，想當然以為是酒樓老闆的尊姓。以至於《醒世恒言》第十四卷〈鬧樊樓多情周勝仙〉硬派樊樓店主叫范大郎，用意大概也是「范」「樊」同音。

據研究者說，這篇以樊樓為背景的小說也是宋元話本，但說「東京金明池邊，有座酒樓，喚做樊樓」，則是方向性錯誤。金明池在開封外城西郊，而樊樓則在裡城東面，兩者一東一西，毫不相干。實際上，樊樓所在地，本是商賈販鬻白礬的集散點。可能原先是礬行的酒樓，也有可能後來在這裡蓋起了酒樓，於是就稱礬樓，也叫白礬樓。日久天長，才訛傳為「樊樓」，後又改稱豐樂樓，但總比不上叫樊樓來得響亮。

樊樓算得上是東京的百年老店，至少在宋真宗時就已名聞遐邇。據北宋僧人文瑩撰寫的一部筆記體野史《湘山野錄》所載，宋真宗大中祥符年間（西元一〇〇八至一〇一六年），真宗為日本國一佛寺賜額。朝辭日，日本使者臨時要求再賜一篇寺記，當時張君房[1]是最合適的撰寫者。但那天他不當值，「醉飲於樊樓，遣人遍京城尋之不得」。

樊樓有常備的自釀好酒，取名眉壽、和旨。據宋代檔案記載，當時樊樓每天上繳官府酒稅就達二千錢，每年銷售官酒竟至五萬斤。後來老闆轉手，酒樓新主「大虧本錢，繼日積欠，以至蕩破家產」。對此，因為不是國有資產，國家盡可不聞不問，但國庫缺了一大筆酒稅，宋仁宗還是十分在意的。

天聖五年（西元一〇二七年），中央財政部門收到一道詔令，大意是說，誰願意承包樊樓年銷五萬斤的酒稅額，就劃撥三千家京城小酒店給他，作為酒類專賣的連鎖店。從皇帝的親自過問，也可見樊樓在東京酒樓業中的龍頭地位。

當然，樊樓之外，東京還有不少著名的酒樓。例如麗景門內有一家酒樓號稱「無比店」，原是參知政事趙叔平的宅第，他致仕回鄉後，這裡就改成酒樓，「材植雄壯，非他可比」，當時諺語誇耀說「酒苑叔平無比店」。天漢橋下有

1 張君房，字尹方（或作尹才、允方），岳州安陸（今湖北）人。北宋景德年間的道士，科考進士及第，任尚書度支員外郎、集賢校理。主要著作有《雲笈七籤》。

一家壽州（今安徽鳳台）人開的王家酒樓也相當有名，學者劉攽有詩說它「道旁高樓正嵯峨」，而經營的場面則是：「白銀角盆大如斗，臛雞煮蟹隨紛羅。黃花滿地照眼麗，紅裙女兒前豔歌。」器皿都是銀質的，南北各味菜餚應有盡有，還有嬌豔的陪酒女郎。儘管如此，構成東京餐飲業地標的，還是樊樓。

東京酒樓的格局，據《東京夢華錄》記載，面朝大街的門口都紮「彩樓歡門」，歡門即大門樓，用各種彩色飾物裝點門面。這種門面裝飾最早出現在東京酒樓，其後各地大型酒肆、餐館、茶樓也爭相仿效。而節日的歡門彩樓，各家更是花樣翻新，別出心裁。

據孟元老說，汴京「中秋節前，諸店都賣新酒，重新結絡門面彩樓，花頭畫竿，醉仙錦旆」。九月重陽前後，以菊花妝點門樓，則成為東京酒樓的一道風景線。走進門樓則是院落或主廊，底層為散座，這些去處稱「門床馬道」，檔次不高。有身價的都往樓上招呼，那裡是當時稱為「小閣子」的包廂。一到晚上，「燈燭熒煌，上下相照，濃妝妓女數百，聚於主廊簷面上，以待酒客呼喚，望之宛若神仙」。不過據南宋耐得翁所撰的筆記《都城紀勝》說「大酒店，娼妓只伴坐而已，欲買歡，則多往其居」，說的雖是南宋臨安的行規，北宋東京當也如此。

東京一般酒樓僅上下兩層，唯獨樊樓，在徽宗宣和年間（西元一一一九至一一二五年）改建為東西南北中五座三層的主樓，《水滸傳》裡宋江喝酒時應該還是改建前的老樓。新樊樓各樓之間用飛橋欄杆，明暗相通，朱額繡簾，燈燭晃耀。改建完工重新開張的頭幾天裡，最先光顧者賞以金旗，以招攬賓客。

每到元宵燈節，樊樓頂上每一道瓦楞間各放蓮燈一盞，把樊樓點綴得分外靚麗嫵媚。其中西樓，後來禁止酒客登臨眺望，這是出於對皇帝安全保衛的考量，因為從西樓俯瞰下去就是大內。據《水滸傳》的藍本《宣和遺事》說，樊樓「上有御座，徽宗時與李師師宴飲於此，士民皆不敢登樓」。似乎有理由推測，西樓可能因此而謝絕了外來客。

樊樓西樓借景於大內，北樓則可以憑眺艮岳[2]，再加上相去不遠的州橋夜市與汴河遊女，地理位置十分優越。此即當時詩人王安中所吟詠的：「日邊高擁瑞雲深，萬井喧闐正下臨。金碧樓台雖禁籞，煙霞岩洞卻山林。」樊樓因原就是京城酒樓老大，「飲徒常千餘人」，改造以後，不僅其本身生意興隆，也帶動了周圍店肆的人氣。連樊樓旁的小茶肆也「甚瀟灑清潔，皆一品器皿，椅桌皆濟楚，故賣茶極盛」，茶都能賣出好價錢。

而許多宋代話本就以樊樓作為敷衍故事的主要場景，其中的描寫倒也不是

---

2 初名萬歲山，後名艮岳、壽岳，或連稱壽山艮岳，因園林正門為華陽門，亦名華陽宮，是北宋時期一座位於首都汴梁里城（汴京城有三圍，從內到外依次是宮城、里城、羅城）東北部的大型人工山水皇家園林。

毫無根據的。例如《趙伯升茶肆遇仁宗》引一首〈鷓鴣天〉詞為證：

城中酒樓高入天，烹龍煮鳳味肥鮮。公孫下馬聞香醉，一飲不惜費萬錢。
招貴客，引高賢，樓上笙歌列管弦。百般美物珍羞味，四面欄杆彩畫簷。

由於名聞遐邇，京城第一，樊樓成為達官貴人和富商闊佬炫富的地方。南宋周密所撰的《齊東野語》記載了一則樊樓逞富的真實故事：一個叫沈偕的吳興闊少，狎遊京師，追求一個身價「甲於都下」的名妓。某日，沈偕帶她上樊樓，對樓上千餘酒客說：「你們『極量盡歡』，通通我來買單。」「至夜，盡為還所值而去」。於是沈偕的豪奢之名傳遍京師，那些擺足身價的名妓也「唯恐其不來」。

當然，酒閣賦詞，粉壁題詩之類的雅事，在樊樓也不少。政和進士黃彥輔酒酣樊樓，賦〈望江南〉詞十首，歌詠樊樓之月，都人聚觀，稱其為「謫仙墮世」，詞名大振。詩人劉子翬少年時代也曾親歷樊樓盛況，著有〈汴京紀事詩〉一首記樊樓云：

梁園歌舞足風流，美酒如刀解斷愁。憶得少年多樂事，夜深燈火上樊樓。

南渡以後，宋室君臣「直把杭州作汴州」，在西湖邊又造起名為「豐樂樓」的大酒樓，其瑰麗宏偉，「上延風月，下隔囂埃，遂為西湖之壯」，而豐樂樓正是樊樓在北宋末年的正式名稱。劉克莊曾經悲愴地賦詩：

吾生分裂後，不到舊京遊。空作樊樓夢，安知在越樓。

不知他是否有感於臨安豐樂樓而作。劉子翬還有樊樓的回憶，包括劉克莊在內的更多南宋人，連這種的幸運都沒有。

樊樓成為宋代酒樓業的樣板，各地酒樓在經營風格、布置格局上紛紛仿效。宋代話本《楊思溫燕山逢故人》寫到靖康之變後金人在燕京建造的秦樓道：「原來秦樓最廣大，便似東京白礬樓一般。樓上有六十個閣兒，下面散鋪七八十副卓（桌）凳。」

大概到南宋後期，樊樓幾乎成為酒樓的代名詞。宋元之際，姚雲文有詞云「疏狂追少日，杜曲樊樓，拚把黃金買春恨」；黃溍也有「春風樊樓醉，一笑百斛珠」的詩句。這裡的樊樓，明顯指一般酒樓，而且還帶點青樓煙花味。

閒話包房

《水滸傳》裡常提到的閣子，也叫閣兒，大致有兩種。一種是指一般起居的小房間。八十一回燕青再入京城見李師師時，描寫得最為具體：

> 便請燕青進裡面小閣兒內坐地，安排好細食茶果，殷勤招待。原來李師師家皇帝不時間來，因此上公子王孫富豪子弟誰敢來她家討茶吃。……看看天晚，月色朦朧，花香馥郁，蘭麝芬芳。只見道君皇帝引著一個小黃門，扮作白衣秀才，從地道中徑到李師師家後門來。到的閣子裡坐下，便教前後關閉了門戶，明晃晃點起燈燭熒煌。

顯然，這裡的閣兒，就是李師師的閨房。小說裡還提到晁蓋家「一處小小閣兒」，七十八回蔡京、高俅上朝前「在侍班閣子裡相聚」，用的也是類似意思。

但《水滸傳》中的閣子，大多指當時酒樓茶肆專設的小房間，猶如今天的包廂。例如，魯達與史進、李忠在渭州結識，「三人上到潘家酒樓，揀個濟楚閣兒裡坐下」。小說在這裡對閣子沒做進一步的說明，但在武松殺西門慶時，對獅子樓酒閣則有具體的描寫：

且說武松徑奔獅子橋下酒樓前，便問酒保道：「西門慶大郎和甚人吃酒？」酒保道：「和一個一般的財主，在樓上邊街閣兒裡吃酒。」武松一直撞到樓上，去閣子前張時，窗眼裡見西門慶坐著主位，對面一個坐著客席，兩個唱的粉頭坐在兩邊。武松左手提了人頭，右手拔出尖刀，挑開簾子，鑽將入來，把那婦人頭望西門慶臉上摜將來。

據小說交代，其一，閣子在酒樓二樓臨街，方位占據酒樓最佳位置；其二，閣子另有門簾與外界隔開，具有獨立的空間。石秀劫法場，也是在大名府十字路口的酒樓「臨街占個閣兒」，大喝一聲「梁山泊好漢全夥在此」，再躍入法場的。

隨著宋代城市經濟的發展與市民生活的繁榮，酒樓茶肆日漸成為各色人等最愛光顧的場所之一。就是名公大臣，也是常客。名臣魯宗道被宋真宗任命為太子的老師，其居家附近有東京著名的仁和酒樓。他經常「易服微行，飲於其中」。一次，真宗急著找他，知道他又在仁和樓飲酒，就問他何故私入酒家，他回答說：我家裡沒有器皿，而酒肆百物具備，賓至如歸。恰有故鄉親友來訪，就去喝一杯。

為了招徠顧客，酒樓的經營者們也不斷在布局上花樣出新，以迎合不同層次顧客的需求，閣兒就是在這種市場背景下應運而生。《水滸傳·智取大名府》一回就說到當地翠雲樓，「樓上樓下，有百十處閣子，終朝鼓樂喧天，每日笙歌聒耳」。而西門慶為了收買團頭何九叔，「來到轉角頭一個小酒店裡，坐下在閣兒內」，說明類似陽谷縣的小酒店，都設有閣兒雅座。南宋話本《志誠張主管》有一段描寫：

張勝看張員外，面上刺著四字金印，蓬頭垢面，衣服不整齊。即時邀入酒店裡一個穩便閣兒坐下。張勝問道：「主人緣何如此狼狽？」

西門慶與張勝選擇的這種閣子，比起散座來，說話辦事顯然有較大隱密性，所以也叫「穩便閣兒」。

東京的酒館大都是兩、三層樓，正門面臨著大街。其格局一般而言，樓上是閣子，底層是散席。宋代話本《西山一窟鬼》交代了這種布局：

兩個同入酒店裡來，到得樓上，陳乾娘接著。教授便問道：「小娘子在哪裡？」乾娘道：「孩兒與錦兒在東閣兒裡坐地。」

《東京夢華錄》描述一家叫做任店的酒樓說：

入其門，一直主廊約百餘步，南北天井兩廊皆小閣子。向晚燈燭熒煌，上下相照。濃妝妓女數百，聚於主廊簷面上，以待酒客呼喚。

這裡濃妝豔抹的數百妓女，主要是服務兩廊密匝匝的小閣子裡的酒客。這種小閣子當然不是任店所獨有，南宋吳自牧所撰的《夢粱錄》對南宋臨安三元樓閣兒的描寫，幾乎就是東京任店的翻版：

南北兩廊皆濟楚閣兒，穩便坐席，向晚燈燭熒煌，上下相照。濃妝妓女數十，聚於主廊簷面上，以待酒客呼喚，望之宛若神仙。

據《東京夢華錄》作者孟元老和吳自牧的觀察，兩宋都城中等規模的酒肆，「俱有庭院廊廡，排列小小穩便閣兒，吊窗之外，花竹掩映，垂簾下幕，隨意命妓歌唱，雖飲宴達旦，亦無厭怠也」。在簾幕低垂的閣子裡，喚來妓女伴唱陪笑，酒客當然喝得舒心開懷。

據周密《武林舊事》所載，熙春樓等臨安一等一的私營酒樓，都有十來個小閣子，其酒器皆銀製，以華侈而炫耀身價。每座酒樓「各有私名妓數十輩，皆時裝袨服，巧笑爭妍」，以供小閣子裡的酒客隨時點喚。

至於官酒庫經營的酒樓，每店設官妓數十人，來頭似乎更大，酒客登樓，便拿著名牌，「點喚侑樽，謂之點花牌」，可以推想其出台費應該不菲。其中大牌名妓還「深藏邃閣，未易招呼」，大擺其身價。杭州十三座官辦的酒樓，都有自己的「官名角妓」。當地風流紈綺子弟「欲買一笑」，會直接到閣子裡去點花牌，而為了隨心所願，必須「親識妓面」，又擔心店老闆隱瞞推託，有時還得「以微利啖之」，塞上點小費。

那些大酒樓裡的妓女們，簪花盈頭，笑容滿面，等待閣子裡酒客的招邀，時人稱之為「賣客」。另有一種女孩，「不呼自至，歌吟強聒」，討點小錢，稱作「擦坐」。還有穿梭於各酒樓茶肆之間吹彈說唱的藝人，當時叫「趕趁」，類似趕場子。《水滸傳》裡金翠蓮遭鎮關西欺凌，因自小教得些小曲兒，便到潘家酒樓，在閣子裡演唱時哭哭啼啼，就是趕趁的例子。比起這兩種人，那些稱為「賣客」的妓女，主要出入閣子，還不算太丟臉。

宋時律法規定：官營酒樓的應招妓女，只能站著歌唱送酒，「不許私侍寢席」。據《都城紀勝》所載，私營大酒樓的那些妓女點喚助酒，也只是伴坐而已，在閣子裡是賣笑不賣身的。但有些中型酒店，則會利用閣子做皮肉生意，酒色並舉。有一種叫庵酒店的，就在閣子內暗藏臥床，有娼妓在內，酒客「可以就歡」。而這類酒店門口的那盞梔子燈，不論晴雨，上面總覆蓋著一頂斗笠作為標記。這種酒店在其他城市也找得到，大詩人陸游退居故里時，有一次從紹興府郊外夜歸，有詩抒寫觸目所見：「空垣破灶逃租屋，青帽紅燈賣酒壚。」

為了讓氛圍更為雅致，酒樓老闆會在閣子裡「插四季花，掛名人畫，裝點門面」。生活在金元之際的元好問，曾見太原一家酒肆的閣子裡懸掛朱熹的手跡，以至他感慨賦詩說「晦庵詩掛酒家牆」。有些店肆還會特地在閣子裡留一方粉牆讓客人乘興題詩作畫。

《水滸傳》三十九回〈潯陽樓宋江吟反詩〉也可為證：

> 宋江便上樓來，去靠江占一座閣子裡坐了。獨自一個，一杯兩盞，倚欄暢飲，不覺沉醉。忽然作了一首西江月詞，便喚酒保索借筆硯來。起身觀玩，見白粉壁上多有先人題詠。宋江乘著酒興，磨得墨濃，蘸得筆飽，去那白粉壁上揮毫便寫。

據《宋詩紀事》所載，有個無名氏曾在杭州太和樓東壁上題詩，洋洋灑灑二十句讚揚酒樓的氣勢規模之宏大與酒餚聲色之精緻，最後落到題壁上：

> 有個酒仙人不識，幅巾大袖豪無敵。醉後題詩自不知，但見龍蛇滿東壁。

雖然缺乏直接史料，但可以想見，散席的消費水準與閣子簡直天差地遠。當時，閣子的隔音效果還不太理想，以至金翠蓮的啼哭聲傳到了魯智深喝酒的閣子裡，宋江在東京樊樓也能聽到隔壁閣子裡史進與穆弘的狂言。但閣子畢竟讓酒客享有更到位的服務，且有一個相對獨立的空間。

於是，《水滸傳》經常以此為場景——陸虞候在樊樓閣子算計林沖，武松在獅子樓的包廂內鬥殺西門慶，宋江在潯陽樓的閣子粉牆上題反詩，柴進在御街酒樓的閣子裡下藥迷昏王班直，穿了他的服裝混進大內……

酒招趣談

《水滸傳》描寫酒招（即酒店招牌）的也不少，第三回就有寫酒招詩云：「三尺曉垂楊柳外，一竿斜插杏花旁。」南宋學者洪邁有一篇劄記專說〈酒肆旗望〉：「今都城與郡縣酒務，及凡鬻酒之肆，皆揭大簾於外，以青白布數幅為之，微者隨其高卑小大；村店或掛瓶瓢，標帚稈。」

酒招應該出現在酒店經營後不久。《韓非子》有則寓言，說宋人賣酒，「遇客甚謹，為酒甚美，懸幟甚高」，卻始終賣不出去，找人一問，原來店門口那條猛犬把客人都嚇跑了。這面懸掛得很高的旗幟，大概是文獻記載最早的酒招。其後，文學作品裡涉及酒招的不勝枚舉，最有詩意要數杜牧的那首唐詩：

千里鶯啼綠映紅，水村山郭酒旗風。南朝四百八十寺，多少樓台煙雨中。

酒招，宋代也叫酒旗、酒幔、酒簾。《東京夢華錄》記汴都酒旗十分壯觀：「街市酒店，彩樓相對，繡旆相招，掩翳天日。」這倒是有詩詞為證的。詞人賀鑄詩云：「君不見長安兩市多高樓，大書酒旆招貴遊。」宋末元初詞人陳允平則在〈春遊曲〉裡說：「都人歡呼去踏青，馬如游龍車如水，三三兩兩爭買花，青樓酒旗三百家。」

至於一般詩人詞客吟詠酒旗的佳作更是不勝枚舉。柳永在詞裡寫道：「望中酒旆閃閃，一簇煙村，數行霜樹。殘日下，漁人鳴榔歸去。」酒旗在煙村、殘日、霜樹之間閃動，簡直是一幅令人神往的水鄉圖。周邦彥詞云「風捲酒幔，寒凝茶煙，又是何鄉」，蔣捷詞說「一片清愁待酒澆，江上舟搖，樓上簾招」，楊萬里詩云「飢望炊煙眼欲穿，可人最是一青簾」，南宋詞人劉過詩道「一塢鬧紅春欲動，酒簾正在杏花西」，也都勾畫出很優美的畫面。

據明代唐志契編著的《繪事微言》記載，徽宗設畫院，召試畫家，必截取唐人詩句作為試題，曾以「竹鎖橋邊賣酒家」為題，命應試者作畫。大多數人都在酒家上下功夫，只有李唐在橋頭竹林外畫一席酒簾，大得徽宗讚賞，認為他的構圖最得「鎖」字的意境。

不過，民間一般將酒招稱作酒旆子或酒望子。《水滸傳》中魯智深在渭州與史進、李忠相逢，上潘家酒樓喝酒，只見「門前挑出望竿，掛著酒旆，漾在空中飄蕩」；寫宋江上江州潯陽樓，仰面看到的是「一個青布酒旆子」。魯智深在五台山出家，不守戒律下山找酒喝：「行不到三二十步，見一個酒望子，挑出在房檐上。」

相對說來，酒望子的稱呼更具民俗味。酒望子的用意當然是招徠酒客。這就是北宋詩人孔平仲在〈酒簾〉詩裡說的：「百尺風外簾，常時懸高閣，若誇酒味美，聊勸行人酌。」不過，望子上所寫的並不都只是簡單一個「酒」字。「酒旗猶寫『天台紅』」，天台紅也叫「台紅」，是當時的名酒，據說「天台紅酒須銀盃，清光妙色相發揮」，僧人行海看到的這面酒簾寫的是酒名。

僧人慧暉有詩云：「百尺竿頭氎布巾，上頭題作酒家春」，也是酒旗的一種寫法。北宋詩人徐積在山陽（今江蘇淮安）見到有家酒樓則是「一竿橫掛數幅帛，題云酒味如醍醐」，可謂別出心裁。

而據《宋朝事實類苑》記載，福州有一老媼，善釀美酒，士子們常到她那裡喝酒，其中一個說：「我能讓妳賺大錢。」於是為這家酒店寫了一個酒招，截取當時福州知州王逵〈酒旗〉詩中的兩句「下臨廣陌三條闊，斜倚危樓百尺高」，並對她說：「有人問妳這兩句詩何人所題，妳就說：我常聽到飲酒者喜歡吟誦這兩句，說是酒望子詩，就請擅長書法的人寫在酒旗上。」借知州的詩做廣告，這老媼「自此酒售數倍」。由此可見，宋代酒望子上的文字，是可以不拘一格，別出心裁的。

至於《水滸傳》中明確寫到酒望子上文字的有三處。先看〈潯陽樓宋江吟反詩〉一回：

> 正行到一座酒樓前過，仰面看時，旁邊豎著一根望竿，懸掛著一個青布酒旆子，上寫道：「潯陽江正庫」。雕簷外一面牌額，上有蘇東坡大書「潯陽樓」三字。宋江來到樓前看時，只見門邊朱紅華表，柱上兩面白粉牌，各有五個大字，寫道：「世間無比酒，天下有名樓」。宋江便

上樓來，去靠江占一座閣子裡坐了。

這裡青布酒旆子上所寫的「正庫」，涉及宋代販售酒的經營政策。當時販售酒的生產與銷售，都在官府的嚴格控管之下。官府對民間酒坊的管理，主要是根據釀酒數量抽取稅額。各級官府自己也經辦酒坊，民間則除了釀酒專戶經營的酒坊，有財力者也可以承包官辦的酒坊。

宋代習慣把官辦酒坊叫作酒庫。大的官酒庫，生產、銷售一條龍，並擁有自己的酒樓。據《都城紀勝》記載，南宋臨安的大和樓、西樓、和樂樓與春風樓，分別隸屬當時東、西、南、北四座官酒庫；而其他官酒庫中的西子庫、中酒庫也各有太平樓與中和樓為其銷售窗口。這種與官酒庫匹配的酒樓，不僅兩宋都城東京與臨安有，全國各大州府也不例外。陸游在成都府任幕職官，有詩云「益州官樓酒如海，我來解旗論日買」，可為佐證。

吳自牧的《夢粱錄》指出：「大抵酒肆除官庫、子庫、腳店之外，餘謂之拍戶。」子庫即分店，是相對官酒庫本部酒樓而言。理所當然，官酒庫本部的酒樓就叫做正庫。據董嗣杲《西湖百詠》說，錢塘門西的先得樓，「即錢塘正庫酒樓」，亦即先得樓是錢塘縣官庫的酒樓。

這就有理由推斷：《水滸傳》中宋江醉酒的潯陽樓在江州城內，「正庫」云云，表明它是江州官酒庫自營的本部酒樓，而酒保送上來「一樽藍橋風月美酒」，應是江州酒庫的看家名酒。

至於私家開設的大酒樓，北宋則以前文提到的東京樊樓最有名，鬧市區裡「彩樓相對，繡旆相招，掩翳天日」；南宋臨安也有熙春樓等數十家。這些私家大酒樓同樣都有自己的釀酒坊和品牌酒，例如東京樊樓的「眉壽」，潘樓的「瓊液」，都名聞遐邇。官酒庫有自己的子庫，私家大酒店也有自己的分店，其本部就叫做正店。

《東京夢華錄》裡說「在京正店七十二戶」，還列舉了戴樓門張八家園宅正店、李七家正店等具體店名，南宋官員、文學家朱弁所撰寫的《曲洧舊聞》也記載「中山園子」等十一家東京正店。而〈清明上河圖〉中最繁華地段畫有一座名叫「孫羊店」的酒樓，招牌上寫著「孫家正店」，只見樓上賓客滿座，寬敞的後院堆壘著成排的大空酒缸，暗示這家正店釀酒量之大。

由於宋代官私酒樓都自己釀酒，每年迎新酒，就成為盛大的節日。北宋東京一般在中秋節前賣新酒，重新搭起門面彩樓，花頭望竿上懸掛著錦緞製作的酒旆子，畫上醉仙之類的圖案，市人爭飲，近百家酒樓剛過晌午就「家家無酒，拽下望子」。

南宋臨安迎新酒的儀式稱「呈樣」，時間在九月初。是日，各酒樓也都搭起彩樓歡門，十三座官酒庫都各以三丈多長的白布，上寫「××庫選到有名高手酒匠，釀造一色上醲辣無比高酒，呈中第一」，掛在一根長竹竿上，三五個人扶持著各往教場集中。其後各隨大鼓與樂隊，在數擔新酒樣品後跟隨著雜技百戲等遊藝隊伍。其中最吸引人目光的當然是那些「庫妓」，她們是最早的名酒形象代言人，濃妝豔抹騎在繡鞍寶勒的馬上，引得「浮浪閒客，隨逐於後」。儀式結束後，再打著布幌子結隊招搖過市。這掛布招牌，不啻是超大的特殊酒招。而風流少年沿途勸酒，遊人隨處品嘗，

「追歡買笑，倍於常時」。

無論是官酒庫，還是私營大酒樓，都有批發業務，即供各自的子庫和分店（即腳店）取酒分銷。〈清明上河圖〉裡在虹橋南端的汴河之畔，也畫了一座腳店。店前菱形裝飾物兩側各寫「十千」、「腳店」，正門橫額上有「稚酒」兩字，與門前酒望子上所寫的「新酒」相呼應。歡門兩側各有「天之」、「美祿」兩字，典出《漢書》「酒者，天之美祿」。

據《曲洧舊聞》所載，名為「美祿」的名酒乃梁宅園子正店的絕活，可以推斷這家腳店與其有著批發銷售的關係。而《東京夢華錄》說：「正酒店戶，見腳店三兩次打酒，便敢借與三五百兩銀器，以至貧下人家就店呼酒，亦用銀器供送。」可知腳店與正店不僅在販售酒上存在著批發零售業務，連營業用的銀器也都可向正店借貸。

有的腳店經營者，原先還是正店夥計。北宋博學家蘇頌的《魏公譚訓》就記載這麼一個故事：有個孫姓酒博士（跑堂），主人見他「誠實不欺」，便借錢給他，「使為腳店」。他恪守忠信，著意營造腳店環境，「置圖畫於壁間，列書史於几案，為雅戲之具，皆不凡」，因此引來大批顧客，後來竟開正店，「建樓漸傾中都」。

孟元老說「腳店賣貴細下酒，迎接中貴飲食」，與正店的高檔消費相比，顯然屬於中檔消費。《水滸傳》裡寫到蔣門神霸占的快活林酒店：

> 早見丁字路口一個大酒店，簷前立著望竿，上面掛著一個酒望子，寫著四個大字道：「河陽風月」。轉過來看時，門前一帶綠油欄杆，插著兩把銷金旗，每把上五個金字，寫道：「醉裡乾坤大，壺中日月長」。一壁廂肉案、砧頭、操刀的家生，一壁廂蒸作饅頭燒柴的廚灶；去裡面一字兒擺著三只大酒缸，半截埋在地裡，缸裡各有大半缸酒。

儘管說是大酒店，卻只有「五七個當撐的酒保」，應是規模不大的腳店，而「河陽風月」應是與其掛鉤的正店釀造的名酒。

至於最底層一級的零售酒店，就叫做拍戶，他們有指定的銷售通路，在轉手中獲取點小利潤。這種經營方式，對官酒庫與私營大酒樓擴大酒類產銷和國家增加酒稅收入，都是大有好處的。

據說，宋寧宗時上演過這樣的故事：臨安府尹總想增加當地的酒稅，自己的官庫酒賣完後，就從常州與衢州官庫取酒銷售。

有一天，三個官老爺碰面，按慣例，京尹的地位遠在州守之上，但衢州太守這次不買帳，常守問理由，衢守說：「他可是我們屬下的拍戶啊！」由此可見，宋代的酒類專賣中，拍戶無所不在，其觸角下伸到城鄉的各個角落。

拍戶酒店屬小型酒店，《夢粱錄》說這類酒店「兼賣諸般下酒，食次隨意索喚」，當然屬大眾化消費水準。武松醉打蔣門神前，與施恩約定：「出得城去，但遇著一個酒店，便請我吃三碗酒，若無三碗時，便不過望子去，這個喚作無三不過望。」《水滸傳》對這一路上小酒店的描寫如下：

飄飄酒旆舞金風，短短蘆簾遮酷日。瓷盆架上，白冷冷滿貯村醪；瓦甕灶前，香噴噴初蒸社醞。未必開樽香十里，也應隔壁醉三家。

看來，這些酒店與武松打虎時景陽岡下那家一樣，應該就是所謂的拍戶店：

當日晌午時分，走得肚中飢渴，望見前面有一個酒店，挑著一面招旗在門前，上頭寫著五個字道：「三碗不過岡」。武松入到裡面坐下，把哨棒倚了，叫道：「主人家，快把酒來吃。」只見店主人把三只碗，一雙箸，一碟熱菜，放在武松面前，滿滿篩一碗酒來。

這種隨意索喚，與《夢粱錄》裡所說的特色可謂相呼應。至於酒家說「俺家的酒，雖是村酒，卻比老酒的滋味」，說明他也許只是當地鄉村酒戶的拍戶。這家酒肆的望子頗具特色，令人過目不忘，在鄉村小酒店中還算是比較像樣的。宋代話本《陳巡檢梅嶺失妻記》有幾句讚語專說這種鄉村酒肆：

村前茅舍，莊後竹籬。村醪香透瓷缸，濁酒滿盛瓦甕。架上麻衣，昨日芒郎留下當；酒帘大字，鄉中學究醉時書。

有的鄉村小酒店，酒望子也十分將就，這就是南宋名臣洪邁所著的《容齋隨筆》裡所說的「掛瓶瓢，標帚稈」的方式。南宋詩人楊萬里在鉛山觀察到「酒家便有江鄉景，綠柳梢頭掛玉瓶」，就是把酒瓶掛上柳梢，替代酒望子，通告顧客。而同為南宋詩人的趙蕃在潭州（今湖南長沙）卻見「刻木如瓶粉漬之，掛林聊當酒家旗」，用木頭刻了酒瓶做招徠顧客的廣告。

南宋話本《西山一窟鬼》寫道：「正恁地說，則見嶺下一家人家，門前掛著一枝松柯兒。王七三官人道：這裡多則買茅柴酒。我們就在這裡買些酒。」《水滸傳》第四回說魯智深只見「遠遠的杏花深處，市梢盡頭，一家挑出個草帚兒來。智深走到那裡看時，卻是個傍村小酒店」。風雪山神廟一回也有類似的描述，「又行了一回，望見一簇人家，林沖住腳看時，見籬笆中挑著一個草帚兒在露天裡」。這就是草料場老軍指點他的沽酒小店。

這種小酒店連像樣的酒望子都不備，以松柯、草帚為標誌。南宋時，文學家樓鑰奉命出使金國，在河北見道旁好幾處賣酒的，也都是掘地深闊約三、四尺，再疊起土塊以禦風寒，「一瓶貯酒，箬帚為望」。看來，《水滸傳》對酒望子的描寫，有著現實生活的深厚基礎。

宋香：水沉春透露華鮮

宋代講究風雅，代表風雅的各式香氣遂成為日常生活所需。從製香、品香到香型種類，琳瑯滿目，既專業又精緻，無論皇帝后妃、王公貴族，乃至平民百姓，都瘋狂追求「香」的境界，甚至還有「香婆」此一「代客焚香」的行業出現，可想見其盛況。

本篇作者孟暉。

宋代文化的特質可說是明淨素樸中蘊含著極度的高雅與精緻。可惜的是，充分體現此一特質的文化成就中，只有詩詞、瓷器、繪畫等得以留存至今，彼時高度發達的香事卻和當時的音樂、舞蹈一樣，只能透過文獻記載意會。即使如此，即使僅僅窺見那時文人筆墨裡的殘影片鬩，有宋一代在香事上的繁盛綺麗，依然足以令後人驚異與羨慕。

在那個時代的上層社會，香爐裡焚爇名香，是二十四小時不能間斷的一項常規設置，氤氳的香氛差不多就和當今某些公共場所或咖啡廳的背景音樂一樣，是展開一天生活的一個基本元素，沒了它，日子便彷彿停滯不前。既然每日生活多采多姿，就該有韻調足以相襯的香品來搭配，才有那種「過日子」的氣氛。於是乎在兩宋時期，原料不同、工藝不同因而香型各異的合香製品琳琅滿目，或宜於熏衣，或宜於待客，或宜於戶外，或宜於夜晚的寢帳，乃至解酒的、安神的，大概也只有宋人的靈敏鼻子能夠精確接受那種種香氣在微妙區別中傳遞出的、足以影響心靈的密碼[1]。

因為熱愛內涵豐富的香型，所以宋人很少採取直接焚烤沉香片、檀香片的做法。不管焚香的作用多麼背景化，所用的香品也一定要經過精心調製，當時稱為「合香」。所以出現在宋人生活中的均為複合型香料製品，現代香水講究

1 在宋朝，香料還被拿來做牙膏，名曰「牙香」。黃庭堅的外甥洪芻記載：「沉香一兩半，白檀香五兩，蘇合香一兩，甲香一兩，龍腦半兩，麝香半兩，右件香細銼，搗為末。」

的主調、前調、尾調之類的概念，其實八、九百年前的中國人早就熟悉。

當時，文人雅士熱衷編寫品香指導書籍「香譜」，其中有兩本宋人編製的香譜流傳下來，一為洪芻的《洪氏香譜》，一為陳敬的《陳氏香譜》。根據這兩冊重要文獻，再結合詩詞、筆記中的記載，我們得以對彼時的合香工藝約略有所了解。

宋時的合香工藝中最常用的方法是，把多種香料經過加工處理，搗成粉末，混在一起，用蜂蜜、白芨、薔薇露（天然玫瑰香水）等加以調和，然後密封在容器裡，埋入地下靜置一段時間。最終將香料取出，做成小餅、小丸乃至搗成粉末，即為成品。黃庭堅憑記憶寫下的〈嬰香製方〉就是這種工藝的典型一例。

不過，非常顯著的是，宋代是花香型香品的一個黃金時代。為了將花香結合高檔香料，宋人發展出一種簡單又迷人的特殊工藝「花蒸香」，其大致方法是：選一種樹脂類原料如沉香或檀香、棧香，切成小片或小塊，叫作「香骨」，將它們與香氣濃郁的新鮮花朵一起密封在容器裡，放入蒸鍋中，在灶上小火緩蒸。這樣就讓沉、檀諸香染上各種不同的花氣，形成明確的、自成一格的複合香型。

當時常用於蒸香的有荼蘼、瑞香、茉莉、素馨、梔子花、柚花、橙花、橘花、桂花、梅花等，花種不同，形成的香氛自然也各異。此一獨特的合香方式，讓宋人的香爐中花香濃泛。南宋詞人張元幹的〈浣溪沙〉有云：「花氣蒸濃古鼎煙，水沉春透露華鮮。」沉香片經帶露的芳花蒸透之後，徹骨都是久駐不去的春意，一旦入爐焚爇，碧鏽斑駁的古銅鼎中頓時是繁蕊競綻的氣象，那蓬勃的香氛彷彿還帶著露水的新鮮，也像露水一樣明淨。

花蒸香工藝的極致，是把一批香片加工一年，在這一年當中，遇任何一種芳香名卉開花時，都拿這種花與那一批香片密封在一起蒸一遍，最終讓香片浸透四季花香。這種芳息堆疊的精品一旦炷爇於香爐內的隔火片上，過去一年四季所開過的百花的香氣便紛紛升起，彷彿在引導品香人回想才逝的時光、才逝的經歷，以至被牽動得思潮暗湧，心緒複雜，所謂「和露摘來輕換骨，傍懷聞處惱回腸。去年時候入思量」。

貴重原料在宋朝需求量大得驚人，並且主要依靠進口。各國海船攜帶從亞非各地收購而來的香料，一般均以廣州（當時稱番禺）為航程的終點，在此卸貨。借助此一優越條件，就地加工的製香行業也就自然而然發展起來，於是，廣州不僅是當時的香料集散中心，也是聲譽遠播的高檔香品生產中心。

其實除了直接經過貿易輸入的香料外，彼時的廣州還具備一個獨有的優勢，那就是城外的素馨花「花田」。素馨花與茉莉花一樣，都不是本土植物，原生地在遙遠的波斯——今伊朗。隨著海上絲綢之路的活躍，這兩種香花也搭乘海船跨越萬里波濤，成功移植到中國的南方沿海地區。到宋代，茉莉花在福建、廣州已形成商業化、規模化的種植，成為帶來巨大經濟效益的香料作物。素馨花由於具有不耐寒的特性，只在兩廣地區移植成功。對宋人而言，茉莉與素馨意味著美妙、新鮮的香氣體驗，其中素馨花濃郁但清洌的冷香，尤其符合宋人的審美口味，於是它的香氣在百花中名列第一，是當時的主流。而利用素馨以及茉莉製作花香型複合香品，就成為廣州製香業獨一無二的專利，以至城外出現一望無際的素馨花專業種植基地。

膾炙人口的「心字香」其實就是利用素馨花做出的一款高檔合香製品。後人總是把這種名香誤會為盤香，其實心字香是一種菱角形的小香餅，其製法頗為考究：把多種香料合成的菱角形小香餅與鮮摘的素馨花一起密封在容器裡，靜置一夜。第二天換上新花，繼續密封緩熏。期間，還要以茉莉花相交替，但熏花的方式相同。如此反覆熏一個花季，讓香餅深深染上素馨與茉莉兩種芬芳，最後形成宋人所中意的心字香。

值得注意的是，心字香是當時一家全國知名的製香工坊「番禺吳家」的主打商品之一。這家香坊不僅擁有獨特且精湛的工藝，還位於當時品種最好的素馨花田附近，在原料上就占有得天獨厚的優勢，其產品還包括軟香、瓊香等，類型豐富，遠銷內地，雄踞宋代香坊名牌之首。由此可推測，當時在廣州以及京都等地，類似的商業化製香工坊必然為數不少，只不過名氣不如吳家而已。

素馨花

花露蒸沉液

說來也許難以相信，香水從來都不是中國人陌生的東西。九世紀晚期，伊斯蘭世界的科學家將蒸餾工藝技術再提升，製作出利用新鮮玫瑰花蒸餾成的香水。這種美妙的香品及其相關製造技術隨即受到其他國家的歡迎。在宋代，來自異域的天然玫瑰香水固定進口，稱薔薇露、薔薇水或大食水。然而，進口貨無法滿足龐大的消費需求，於是蒸餾技術被引入廣州，只不過當時這裡沒有阿拉伯世界所產的玫瑰花，只能利用茉莉、素馨代替，蒸餾而成的晶瑩香液名曰「花露」。據宋代消費者使用後的感想，與大食原裝正品相比，廣州花露的香氣很遺憾地始終略遜一籌。

有意思的是，中國人始終沒有引入直接將花露擦在耳邊、灑在衣上的習慣。在宋朝，無論進口薔薇露還是廣產花露，一部分用於女性美容保養，如用薔薇露梳理洗後的頭髮、調溼脂粉，另一部分就是用於合香——與多種香料兌在一起，形成香調複雜的高檔香丸、香餅。因此，宋詞所描寫的爐香斜嫋中，往往蕩漾著

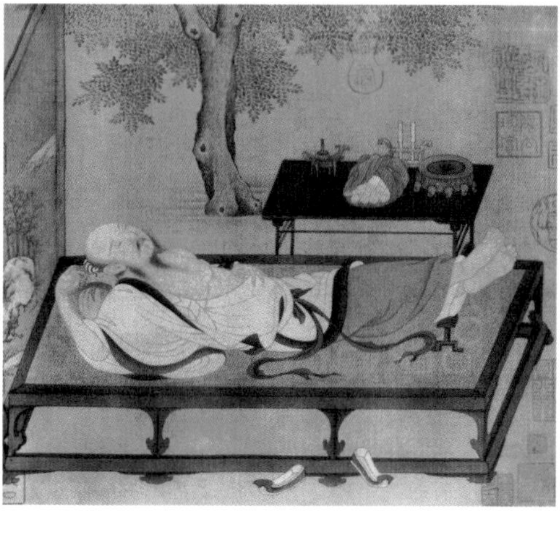

宋 佚名 槐蔭消夏圖
北京故宮博物院藏

玫瑰香水的豔韻，這是今日讀者應該知道的細節。

進一步地，宋代那些沒有留下姓名的天才調香師們還將蒸餾鮮花香水的工藝與花蒸香工藝結合在一起，把飽沾露水的香花與香片一起放在專製蒸餾器內蒸餾，再用蒸餾出的香液浸泡香片。這樣反覆幾個回合，就可以一舉得到兩種香品：染上花香的香片，以及染上沉、檀等樹脂香料氣息的花露。

如此帶有雙重香氣的花露會盛在小碟、小缽裡，置於香爐內，經炭火熏烤，從容揮發。南宋詞人高觀國的〈霜天曉角〉寫道：「爐煙浥浥，花露蒸沉液」，似與今日利用薰香爐加熱精油的方式頗為相近。從宋人詩作中可以看出，「花露蒸沉液」曾經盛放在床角落的小香爐裡，於長夜中膩芬消弭，洇潤寢帳。如此芳氣低回的夜帳內，綻放的將是怎樣的良宵呢。

宋人研發花香型香品的成績固然令人印象深刻，不過當時的「果香系列」也非常發達。選用香氣鮮明的水果，以果汁、果肉、果皮作為天然香料，配製出清新活潑的合香製品，是宋人非常喜愛的製香法之一。可以說，花香型產品因韻息郁豔動人，果香體系則以格調清新取勝。

總體而言，果香類合香製品就是用各種香氣強烈的果實代替鮮花，與樹脂類香料結合。而宋人所研發的種種製香巧法，即使僅在紙面上讀來，都惹人動

---

2 榲桲，薔薇科榲桲屬，別名木梨。榲桲屬只有榲桲一種，在歐洲、中亞、中國新疆是古老又珍稀的果樹之一。花粉紅色，果淡黃色，芳香味濃，含有多種營養素。

榲桲

心。如一款「江南李主帳中香」，是把大香梨挖去內核，裝入沉香末、檀香末，密封，然後上火蒸——這是把原料之一的香梨直接當作盛香料的容器了。蒸過後，削去梨皮，梨肉連同其中的香末一起研碎、和勻，做成餅狀或丸狀，再經「窨」的程序後，就可以焚燒。

又有一款「笑梅香」，即把榲桲果[2]的頂部截切掉一部分，從截面下刀挖出內核，然後將沉香與檀香的細末填到空腔裡。再把截切下的部分當作蓋子重新扣合到榲桲果實之上，以麻線縱橫纏縛。接下來則是用生麵糰在榲桲果外厚厚糊裹一層。包在麵糰中的榲桲果會埋入火爐的爐灰內，慢火緩緩煨透。最後去掉麵糰，直接研磨烤過的榲桲果，讓果肉與其內的香末混在一起，形成氣味獨特的香膏。

宋代製香業最看重的一種香果，是今人已經差不多遺忘的榠樝果[3]。調香師們把這種香果壓榨出汁液，作為一味配料添加到合香製品中，甚至採用類似「花蒸香」的工藝，以這種果汁蒸香。

有一款名為「意可」的高檔香品，便是把骰子大小的沉香粒放在榠樝果汁內浸泡三天，然後再一起上火蒸製。

另外，尚有一種會令我們今人感到十分意外的果類香料，那就是荔枝殼。

3 榠樝，薔薇科，落葉喬木。果實長圓形，味澀，可入藥，又稱「光皮木瓜」。氣微酸澀，祛風溼，平肝舒筋。宋朝「小四合」香，配料就是香橙皮、荔枝殼、甘蔗滓、榠樝核。

它可以與麝香搭配，搗碎成末，再以蜜拌和成丸，形成氣味獨特的香品。不過荔枝殼主要還是輔料，混合加入多種配方內，以其濃烈的辛香為合香製品增添活潑的生命力。

私房香：氤氳清韻

若論水準最高、製品最精的製香工坊，當然非專為宮廷服務的皇家作坊莫屬。文獻就記載，北宋宣和年間曾在皇宮內的睿思東閣設立香坊，專門按照徽宗的喜好研發新香型。南宋初，高宗也曾在宮內設立作坊，並在他的親自授意下開發新款。這兩所宮廷香坊所出的產品如「東閣雲頭」之類，「香味氤氳，極有清韻」，不僅當時被民間視為珍物，此後很長一段時間都是名香收藏者著意搜羅的對象。

宋代上層社會浸淫在豐富的香品世界中，也就鍛煉出對香氣異常敏感的分辨力，從而格外具有這方面的審美要求。在那個時期的士大夫生活裡，焚一丸佳香，與吟詩作詞、鑑賞書畫文物、聞歌觀舞、聽琴、談禪、辯論歷史或政治話題一樣，是不可或缺的雅享之一。隨之而出現的獨特現象則是，上層社會的風流人士普遍時興研製私家配方的香品。如北宋徽宗、南宋高宗在宮中特設香坊，其實就是為了指揮製香匠人按照自己的意旨開發新香調。甚至宮中的皇妃們也會加入這樣一場高雅的競爭，透過創製風味獨特的香型，來提升自己的優勢。此外，王公大臣、文人士大夫也均以研發芬韻新穎獨特的香品為樂事，若是自家創出的某種香型及其製作方法流傳天下，那可是極為得意的風流佳話。

《陳氏香譜》就記載了一則非常優美的逸事。一次，以畫梅著稱的花光長老派人送兩幅新作給黃庭堅，黃庭堅便與好友惠洪一起在燈下欣賞。望著絹素上寒姿凌欹的梅影，黃庭堅不禁感嘆道：「畫面如此生動，讓人彷彿真的置身初春清寒的梅林間，唯一遺憾的是沒有花香。」結果惠洪當即笑著從隨身包囊中取出一小粒香丸，焚於爐內。很快地，黃庭堅當時所棲宿的舟中便有鮮明的梅花香氣輕浮暗溢。

這種芳韻對黃庭堅來說乃是首次體驗，絕妙的效果讓他讚嘆不止，見此，

宋 李嵩 聽阮圖
台北故宮博物院藏。
畫中高木奇石，枝葉掩映翁鬱，樹下士人持拂閒坐於榻上，左腿盤起，聆聽撥阮演樂並賞古玩。床榻上置有直搭腦交椅式躺椅，榻前的方形香几有束腰、直腿，下為如意足、托泥。此方几造型與床榻成組用以承放香爐。

惠洪也就很有興致地道出此款「韓魏公濃梅香」的來歷。原來，它的配方與工藝竟是名臣韓琦府中所創製出來的，經蘇軾掌握後傳授給惠洪。黃庭堅聞言不禁開玩笑地抱怨：蘇軾明明知道我有「香癖」，當年居然沒告訴過我，簡直不夠朋友嘛！並特意為這種香品易名為「返魂梅」。

如這則事蹟所展示的，宋時的風雅之士普遍熟練掌握製香技巧，講究親自煉製合香成品，並以發明獨家祕方為樂趣。雅集之時，忽然拿出一款私家祕製的佳香，當場於香爐中焚爇，奉獻上無形的，然而卻直入肺腑的美感體驗，這在宋代文人聚會時經常上演，也是極能讓大家感到快樂盡興的節目。饋贈珍佳的香品，甚至傳授獨家祕方，也被認為是真摯友誼的表現。

事實上，宋代士大夫並不止於研發香品，而是對如何讓品香的體驗趨於完美展開全面研究。比如他們發現棉紙能吸附香氣，讓香味留貯更久，於是把冬季保暖用的紙閣、紙帳當作焚香的最佳場所，范成大〈雪寒圍爐小集〉即讚曰「席簾紙閣護香濃」。

堪稱奇妙的是蘇軾。這位喜歡奇石又有設計天分的東坡居士，利用香爐生煙的特點，竟創製了一款名為「小有洞天」的袖珍室內景觀。他為自己最愛的一塊美石配了個木質底座，但特意將底座的內部做成空膛，又在座側不留痕跡

宋—元 哥窯 米色耳魚爐 高八．二公分，口徑十一．八公分，重五三一克

地安設一道活門，然後將一只小香爐放置在底座的膛內。同時，底座表面上、緊貼山石根腳的地方，開有若干小孔。如此，暗藏於底座內的香爐一旦焚起香品，便會見到煙絲絲嫋嫋，從石根畔的各個孔竅中悄溢不絕，依著石體冉冉上升，宛如雲煙繚繞岩岫，只是這細細雲絲乃是攜著幽雅的芳息，氤氳著詩人的書齋。

據說，受蘇東坡的啟發，將天然奇石轉變成富有意境的噴香設施一時蔚為風行，雅人們喜歡搜尋中空、帶孔的天然奇石，為之配上內為空膛的底座。這些從大自然裡發現的美石，因為內部為上下貫通的空腔、表面散布多處竅孔，一旦在底座內部焚香，香煙便會沿著石的內腔上升，然後從各處孔竅外溢，令人自然聯想到雲煙出岫的美景。

無物不香

在宋代，用香的最主要方式就是在香爐中焚香，不過焚香卻不是當時唯一享用香料的方式。在那個時代，圍繞著「香」這一概念開發出的香品類型之多，涉及生活範圍之廣，簡直挑戰我們今人的想像力。

眾所周知，傳統上，中國人一向喜歡佩戴香囊。因此，合香產品中的一大類便是佩香，其成品包括小餅、小丸，也包括粉末，用於裝盛在香囊內，貼著人體悄然飄香。但是在宋代，還時興把造型精美的合香小花餅當中打個孔，穿上條子，套在脖子上，作為香身之物，稱為「佩帶」或「拂手香」。另外還有神奇的「軟香」，即在合香過程中加入蜂蠟、蘇合油以及朱砂等紅綠顏料，成品為半透明的軟膏凍狀物，隨手捏弄便會改變形狀，並且色澤可愛。這種軟香團可佩戴在身邊，但更常見的是當作扇墜，尤其在夏天特受青睞。當時更有用香料製作的面花、耳環，讓女性直接藉由臉上、耳邊的小飾物便芳氣襲人。

也許會讓今天的人尤其感興趣的是，在宋代的上層社會，標示一天時間的時鐘是用香粉做成，叫「香篆」或「香印」。其基本方法是把幾種特定配料的粉末連同香粉混合在一起，傾入預製的木範內，然後利用巧勁把木範猛地倒扣在銅盆上，如此盤底形成一條連綿回環的香粉長帶。這種香粉長帶呈現各種寓意吉祥的花紋，而標有時辰刻度的印記，只要點燃一頭，粉帶就會勻速燃燒一晝夜。大家只要根據粉帶燃燒的進度，就可以準確知道此刻是幾時幾刻。

當時，大戶人家、大商鋪就是靠這種「芳香時鐘」來得知現在的時刻。因為「打香篆」是種絕活，所以會有專門的技師每天到固定主顧家裡去打香篆。

有意思的是，當時舉行大型宴會的時候，也會請專人在席前打一個直徑二三尺的大香篆，用這樣一個特製的時鐘標示一場歡宴的進度，同時以從容的香氣為現場營造氣氛。

對宋人來說，香料不僅用鼻子聞嗅，還可用唇齒品嘗。在當時肆意消費香料的風氣裡，大家喜歡酒後直接含一小片天然香料在嘴裡，認為這樣不僅可以香口，而且能驅除醉意、清爽心神。當時甚至做蜜餞都會加入各種香料，更絕的是以香料製作飲料，如一款「無塵湯」，是把砂糖與龍腦研細，用熱水沖泡成香湯。當中最該稱道的是「沉香熟水」，其製作方法宛如神話般充滿夢幻感：

在小香爐裡燒一兩塊好沉香。當縷縷沉煙從香塊上升起時，將一只茶瓶倒扣在爐內的沉香周圍。沉香不斷散發香氣，隨著煙氣逸出的香精隨後會吸附在茶瓶的內壁上。估量沉香塊上的香煙大致散盡了，不會再有香氣產生，就把茶瓶翻轉過來，急速地向瓶內倒入滾水，然後密封瓶蓋。如此靜置一段時間，瓶壁上的沉香香精融入水中，就形成帶有獨特沉香芬息的一款飲料。

檀香、速香也可以用完全一樣的方法製作溫香飲料，成品則稱「檀香熟水」、「速香熟水」。令人咋舌的是，此一把貴重香料轉做食材的奇特飲料，

宋 定窯 牙白弦三足爐 高八．七公分，口徑十一．九公分，重三七二克

在宋代竟是一款隨處都能買到的日常享受。《武林舊事．涼水》一節列舉臨安（今杭州）市面上常見售販的飲料，其中就有「沉香水」。也就是說，走在臨安的大街上，完全可以在飲料攤上買一杯這種以名香製作的溫飲來解渴。居然還有人有興致收集天然香料的香煙附留在瓶底、瓶壁上的痕跡，並將此煙痕製成香水，一品其幽韻。宋人對香氣的迷戀真是非同一般！

草木真天香

瀏覽宋人文獻，容易為其高檔香品的奢侈、精工而目眩。其實，也許更值得感嘆的是，當時中低檔產品也獲得充分開發，有效滿足了中下階層的日常需求。

前面講過，榠楂的果汁是一種重要的調香輔料，榨汁後，當然會產生大量果渣，宋代的調香師們居然也不浪費這些果渣，將其與其他三種果實殘滓結合在一起，發展出一種物美價廉的香品「小四合」。小四合的配料除榠楂果渣外，還有香橙皮、荔枝殼、甘蔗滓，成本幾乎為零。如此低成本的香品顯然意在滿足非富非貴人家也希望分享品香時尚的需求。

這類廉價香品在當時種類頗多，讓人不得不佩服宋代調香師們的創造精神。例如有一個利用便宜材料代替花蒸香的辦法，是搗爛橘葉，與舊竹篾片一起密封在小罐當中，在火上長時間熱蒸，然後把熏入橘葉氣息的竹片當作香料，在香爐內慢炷，據說會散發出「草木真天香」的自然清氣，效果怡人。

廉價香品並不必然與品位低下或品質粗糙掛鉤。由於社會風氣一味狂熱追捧奢侈材料、精緻工藝，士大夫群體中的有識之士便針鋒相對，提出以「草木真天香」來取代複雜香型，宣導從大自然中選取最樸素的材料巧製種種足以怡悅人心的香品，於是「小四合」式的廉價香品反而獲得他們的青睞。如有一款用荔枝殼、甘蔗汁、乾柏葉、黃連和成的香料，稱為「山林寒士四合香」。此外，士大夫中還流行將桂花加工成可以在香爐中熏爇的香料，僧人們則研發把柏樹籽做成爐中香品的做法，深為文人賞識。於是，在香爐內焚一把乾桂花或者乾柏籽，便是當時書齋生活中常有的情景。

一則意外的插曲是，宋仁宗特別寵愛的張貴妃也故意採用廉價香品策略，放棄一切貴重香料，單用松子膜、荔枝皮、苦楝花之類材料，配出一款「溫成皇后閣中香」。大約這款香型格調清新樸素，在金鋪玉砌的皇宮內反而顯得性格鮮明，不僅獲得皇帝的賞識，且流傳到民間，廣受追捧。借助美人的靈慧，低端香品像這位美人自己一樣，完成了一次民間對宮廷的成功逆襲。

低檔香料的發達，讓宋代人得以更加隨心所欲地享受品香之樂。《武林舊事》記載，臨安的各大公私酒樓中，會有各種小販、藝人滿足食客的消費需求，其中包括稱為「香婆」的老婦，她們不賣小吃雜貨，更不賣藝，而是專門提供一項非常細化的「焚香服務」。因此，如果你是一名南宋時代的食客，只要帶錢就可以出門。來到酒樓，只要錢夠，你可以買到一切服務，包括一爐香。只要招呼一聲，就有香婆為你捧上準備好的小香爐，爐裡的香灰、香炭、香餅、香丸等都已由她收拾妥當。你在一縷香嫋中盡情享受浮生一刻，然後付帳離開，其他都不用操心，就像桌上的碗碟會有店小二收拾一樣，那小香爐也自然會由香婆收走。

不難理解，這樣的焚香服務之所以應運而生，低檔香品的供應一定是前提。香婆們提供給客人的焚香之品，即使不是像「小四合」那樣的材料簡陋，也不會離之太遠。了解宋人對低檔香品的著意開發，那個時代整個社會大肆焚香的風氣，才會變得容易理解。

無論從哪個層面看，宋代都是香文化的高峰時代，此後，儘管品香的風氣在中國上層社會一直存在，但始終難與兩宋時代相媲美。大約在明代，興起了新的風氣，就是把沉香等天然樹脂香料劈成小片，直接入爐焚爇，不再進行「合香」環節的加工。此一做法傳入日本後，沿襲到今日，所謂「香道」大致局限在炷賞單純的原生香片。然而，如果在宋代的士大夫面前這樣焚香，他們肯定會對香品的粗樸、香氣的單調無趣感到詫異和不以為然。

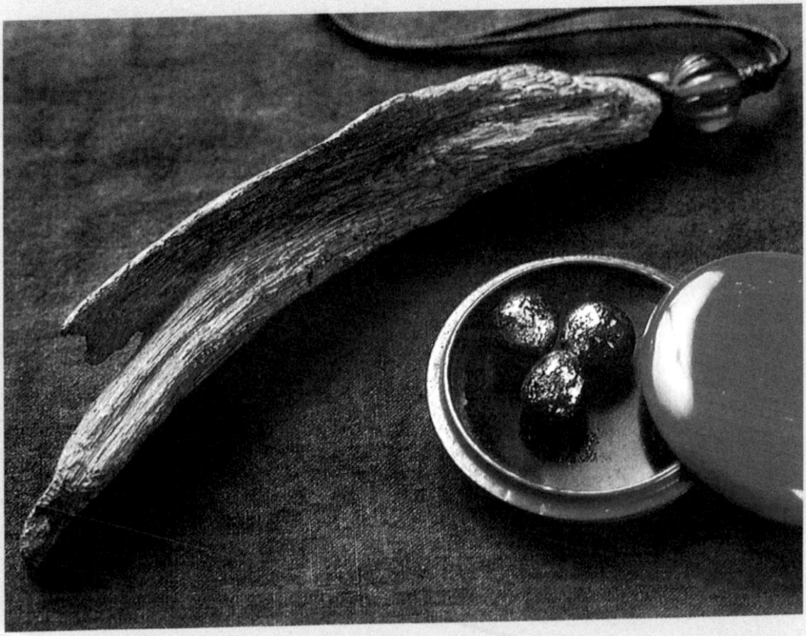

靈台湛空明：從〈藥方帖〉談黃庭堅的異香世界

〈藥方帖〉載嬰香方一則，是黃庭堅書法作品中少為人討論的行草尺牘。看似隨意寫來的嬰香配方，實則寓含黃庭堅對香材的選擇、香法、氣味品鑑等，反映了當時文人對香的看法，從避瘴、除臭、醒腦等實用功能，提升到嗅覺、氣味品評，乃至鼻觀先參的精神層次。

本篇作者劉靜敏，國立台灣藝術大學書畫藝術學系教授。

黃庭堅，字魯直，自號山谷道人，晚號涪翁，洪州分寧人（今江西修水）。生於仁宗慶曆五年（西元一〇四五年），卒於徽宗崇寧四年（西元一一〇五年），年六十一歲。

黃庭堅一生橫遭兩次貶謫，從政坎坷，然而在文學藝術上成就非凡，學問文章，天成性得，詩風廣被後人，為江西詩派之詩宗。在書法方面，行、草、楷法皆卓然自成一家，與蘇軾、米芾、蔡襄被譽為「宋四家」。在文學詩歌、書法藝術領域，黃庭堅早已擁有無數的追隨者與研究者。不僅如此，他還是一位善於辨品鑑氣味的高人。對黃庭堅而言，香，是生活中最好的良伴，是詠物寄情的依託；在香的氣味嗅覺過程，同時也是生命的淨化與修行。正如宋代《香史》作者顏博文所說：「不徒為熏潔也，以養鼻通神觀。」

黃庭堅

〈藥方帖〉

香之於黃庭堅，可從其晚年的一篇〈題自書卷後〉小文說起。

徽宗崇寧三年（西元一一〇四年）十一月，六十歲的黃庭堅被貶到廣西宜州這個山城已經過半年了。由於是待罪編管，加上地方官的冷眼，「官司謂余不當居關城中」，無法住在縣城裡條件較好的屋舍，只得輾轉搬到偏遠城南一處市場內的破屋，從風雨可入的門窗、又殘破不堪的小房間看出去，「與西鄰屠牛之機相直」，正面對是殺牛屠肉的桌案，殘餘的肉屑渣滓，還有嗡嗡作響拂之不去的蚊蠅，黃庭堅幫這個小室取名「喧寂齋」。

來看黃庭堅的朋友，見著如此惡劣環境，無不憂心，然而，只見山谷老人正安詳的焚香坐在臥榻上，「既設臥榻，焚香而坐」，眾人詫異!?原來焚香所形成的氣味像一團無形的防護膜，隔絕了鼎沸市聲，嚴嚴密密的將山谷老人保護起來，面對市場的吵雜，內心卻是靜寂的。

其實早在元祐元年（西元一〇八六年）黃庭堅寫給賈天錫的詩——「險心遊萬仞，躁欲生五兵。隱几香一炷，靈台湛空明」——就已經給了答案，因焚香而靈台空明。

〈藥方帖〉行草書香藥方一則，記載調配嬰香香方之藥名與和合之法，也稱〈製嬰香方〉。收入《宋賢書翰冊》第三幅，紙本，縱二十八．七公分，橫三十七．七公分。其九行，每行字數不一，共八十一字。並鈐有「安氏儀周書畫之章」、「義陽」（半印）印記。為清代安岐所藏，《宋賢書翰冊》附頁乙紙，有陳奕禧於戊子年（康熙四十五年，西元一七〇八年）題跋云：

> 昔人云：得古帖殘本如優曇出現。此冊宋名賢真跡廿二件。兼蘇黃米蔡盡有之。儼入瓊林琪樹中，賞玩終日而莫能窮，目眩心搖。豈止優曇出現耶。麓村安君博學嗜古，得而寶藏。因余來天津，謬以余能鑑別而視余。余獲玩味而附記於後，如此數公，餘輒附記於後，是余之不知量也。麓村乃屬余，不以為塵點，愛我深矣。戊子八月廿五日漏下二十刻，海寧陳奕禧題。

《宋賢書翰冊》集宋人尺牘詩帖二十種，其收藏印記有南宋高宗趙構「德壽堂書籍印」，以及項元汴、梁清標、安岐等著名收藏家的印記，後入清宮收藏，編入成書於嘉慶二十一年（西元一八一六年）的《石渠寶笈三編》中，流傳有緒。

九行的〈藥方帖〉，首行僅「嬰香」二字，說明香方的名稱。後接三行，記載香藥五種和數量。中間三行寫香方和製作方法，書體由行書轉為行草，至第七行「作雞頭大」已是小草書法，藥方書寫至此結束。空一行，接末二行字

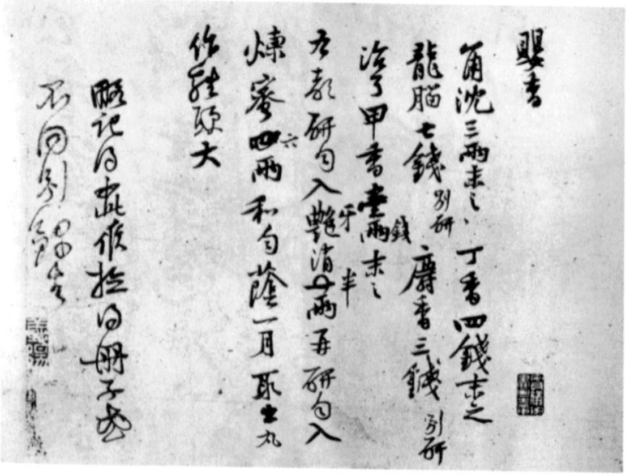

黃庭堅〈藥方帖〉（製嬰香香方）
台北故宮博物院藏

留空低於前文，為香方再補充說明，云：「略記得如此，候檢得冊子，或不同，別錄去。」已轉為草體，書寫速度極快，至末行五字渴墨枯筆一氣呵成，已是連綿大草。通篇八十一字取書簡形式，書勢由徐來轉而疾去，書體由行入草，行文中塗改畫圈補字，如珠落玉盤錯落有致。

〈藥方帖〉無書寫時間與作者，僅幅左舊標籤云：「此藥方筆勢，是黃山谷書。」而從其筆法、書風觀之，多將此作列為元祐時期作品，且與其四十二歲時所作〈王長者墓誌銘稿〉並列為小字行草佳作；或與〈糟薑銀杏帖〉並列為元祐前期所作。

〈藥方帖〉記錄調配嬰香方之香藥有角沉、丁香、龍腦、麝香、甲香、牙硝，並列其和合製作方法，其內容為：

嬰香，角沉三兩末之，丁香四錢末之，龍腦七錢別研，麝香三錢別研，治弓甲香一錢末之，右都研勻。入牙消半兩，再研勻。入煉蜜六兩，和勻。蔭一月取出，丸作雞頭大。略記得如此，候檢得冊子，或不同，別錄去。

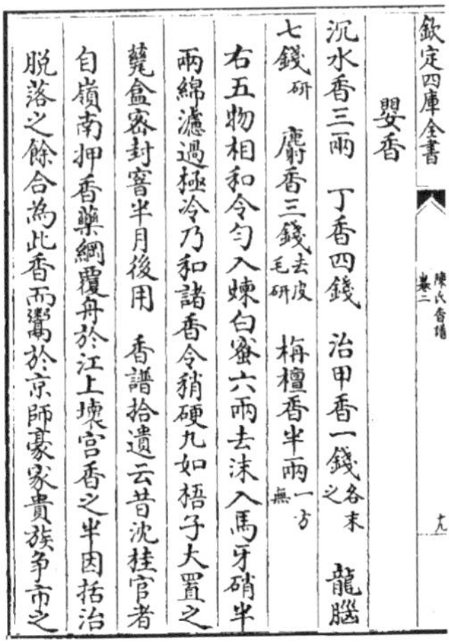
欽定四庫全書 陳氏香譜 卷二 十九

嬰香

沉水香三兩 丁香四錢 治甲香一錢各末 龍腦七錢研 麝香三錢去皮毛研 梅檀香半兩一方無

右五物相和令勻入煉白蜜六兩去沫入馬牙硝半兩綿濾過極冷乃和諸香令稍硬丸如梧子大置之甆盒密封窨半月後用 香譜拾遺云昔沈桂官者自嶺南押香藥綱覆舟於江上壞宮香之半因括治脫落之餘合為此香而鬻於京師豪家貴族爭市之

《陳氏香譜》之嬰香方

此藥方字跡有塗改，第四行：治弓（應為「了」）甲香半兩塗改為一兩，兩旁注一錢字。第五行：入鹽消一兩，鹽字旁注牙字，一塗改為半字。第六行：煉蜜四兩，四字塗改為六字。塗改的部分主要是合香中香藥的分量。至於文字內容的部分，首先對第九行「治了甲香」加以說明。甲香為海螺之類，屬於蠑螺科動物蠑螺或其近緣體物的掩厴，即螺類介殼口的圓片狀蓋，是合香配方中常用的香藥之一。據吳時萬震的《南州異物志》記載：

> 甲香螺屬也，大者如甌，面前一邊，直攙長數寸，圍殼有刺。其厴可合，雜眾香燒之，皆使益芳，獨燒則臭。

甲香主要產地在嶺南，唐代時已被列當地特產以為土貢。甲香入香方中，有助於發煙、聚香不散。《香譜》謂：「今合香多用，謂能發香復聚香煙，須酒蜜煮製方可用。」甲香作為香藥使用，需經繁複的修製程序。《陳氏香譜》謂：

> 甲香如龍耳者好，自餘小者次也。取一二兩，先用炭汁一碗煮盡，後用泥

各式甲香

（沉）煮方同好酒一盞煮盡，入蜜半匙，炒如金色，黃泥水煮令透明，逐片淨洗焙乾，灰炭煮兩日，淨洗以蜜湯煮乾。甲香以泔浸二宿後，煮煎至赤，珠（沫）頻沸令盡泔清為度，入好酒一盞同煮良久，取出用火炮色赤；更以好酒一盞，取出候乾，刷去泥，更入漿一碗，煮乾為度，入好酒一盞煮乾，於銀器內炒令黃色。甲香以灰煮去膜，好酒煮乾。甲香磨去齟齬，以胡麻膏熬之，色正黃則用蜜湯洗淨，入香，宜少用。

甲香需要用酒、水和蜜煮，經火炮、炙炒等多次煉製後，方能使用，此過程稱為「治」。有人稱「百煉香螺」，這算是香家必備的知識，陳敬記載各家香方時也常出現「入製過甲香」的條目。黃庭堅特別在〈藥方帖〉上寫下「治了甲香」，可見他對於香藥的性味，是十分清楚的。

嬰香方

嬰香方是宋代流傳廣泛的一種和合香的配方。香方記載的典籍，可溯至《隋書‧藝文志》所載的三種香方典籍：「《香方》一卷，宋明帝撰。《雜香方》五卷。

《龍樹菩薩和香法》二卷。」可惜今佚失。

香方在宋代被列入醫方之中，同屬之除臭、婦女粉澤等用途。隨著宋人醫藥的發展，對芳香氣味之追求，與藥學之君臣佐使、七情合和的藥方配伍觀相合，和（合）香如合藥。所以合香之妙，最重要在於各香之間的合和、窨造、熏修之法能配合得宜。得一好香方並不容易，因此北宋顏博文所撰《香史》序說得很透徹：「合和窨造自有佳處，惟深得三昧者，乃盡其妙。」同時也說明宋人的焚香，已經超脫漢魏時期「燔柴炳蕭尚氣臭」的氣味取向，或是晉唐時期之熏衣香體風尚，而進入另一層次，所謂的：「以養鼻通神觀焉」。

氣味的喜好是很主觀的，黃庭堅所寫〈嬰香方〉，意味著對特定氣味的選擇與看法。因此，香藥種類、數量上的差異，會讓調配出來的香方，在氣味上有所不同。從黃庭堅〈藥方帖〉的嬰香配方，和宋元之際出刊的《陳氏香譜》收錄〈嬰香〉香方一帖，兩者比較如下：

香方	香藥種類	做法
黃庭堅〈藥方帖〉	角沉三兩末之 丁香四錢末之 治了甲香壹錢末之	右都研勻。入豔(牙)消半兩，再研勻。入煉蜜六兩，和勻。蔭一月取出，丸作雞頭大。

	《陳氏香譜》嬰香方
龍腦七錢別研 麝香三錢別研	沉水香三兩 丁香四錢 治甲香一錢各末之 龍腦七錢研 麝香三錢（去皮毛研） 栴檀香半兩（一方無）
	右五物相和，令匀入煉白蜜 六兩去沫，入馬牙硝半兩， 綿濾過，極冷乃和諸香。令 稍硬丸如梧子大，置之瓷盒 密封，窨半月後用。

兩者差異明顯看得出來。首先來看香方中使用數量最多者，通常將成為香方的主香。黃庭堅嬰香方的主香用是角沉，與《陳氏香譜》的沉水香兩者差別何在？

角沉，是海南島所產沉香（或稱沉水香）中最好一種。據宋代藥物學家寇宗奭的《本草衍義》記載：「沉香，嶺南諸郡悉有之，旁海諸州尤多。今南恩、高、竇等州，惟產生結香。沉之良者，惟在瓊崖等州，俗謂之角沉。」又見丁謂〈天香傳〉云：「素聞海南出香至多……瓊管之地，黎母山酋之，四部境域，皆枕山麓，香多出此。」

自從北宋初年丁謂因流放海南島而寫下〈天香傳〉，建立海南島產沉香在嗅覺審美上的價值，提出「清遠深長」的氣味品評標準，相對地影響黃庭堅對海南沉香的獨特喜好，黃庭堅創製或喜愛的香方，只使用海南沉香。一如南宋地理學家周去非論述沉水香時說：「山谷香方率用海南沉香，蓋識之耳。」

至於海南島角沉與其他地區沉水香的差異，透過范成大《桂海虞衡志・志香》比較海南沉香與海外番舶沉香，有具體且清楚的說明：

> 大抵海南香氣皆清淑如蓮花、梅英、鵝梨、蜜脾之類，焚一博投許，芬翳彌室，翻之四面悉香，至煤燼氣不焦，此海南香之辨也。中州人但用廣州舶上、占城、真臘等香，近年又貴丁流眉來者，余試之乃不及海南中下品。舶香往往腥烈，不甚腥者，意味又短，帶木性，尾煙必焦。其出海北者，生交趾及交人得之海外番舶，而聚於欽州，謂之欽香，質重實多大塊，氣尤酷烈，不復風味，惟可入藥，南人賤之。

換言之，以現今的說法是：以海南島所產沉香燃之，基本氣味應如梅花香、果香般清雅微帶甜香，含油量十足，香氣幽遠耐久，尾香有餘味而無焦氣。來

海南島沉香
中華東方香學研究會，《靈台湛空明——傳統香文化展》（台北：歷史博物館，二〇一三）

自中南半島越南、泰國（占城、真臘、丁流眉）等地貿易而來的沉香，氣味短促無餘韻，且帶有濃烈的腥味；腥味較淡者，木性仍在，致使尾香出現焦味。或者來自廣東高、化二郡所產之香的海北香，雖然質重實大，只可惜燃燒起來氣味酷烈，沒有海南島沉香之清婉氣息，只能藥用而無法列入品評層次。

其次，兩種嬰香方最大的差異在於黃庭堅的嬰香方並無栴檀一味。栴檀香或稱檀香[1]，在宋代香方中沉香與檀香並用，十分常見。隨手檢視《陳氏香譜》中的香方歌訣，如華蓋香有：「沉檀香附並山麝」；梅蕊香（又名一枝香）香方為：「沉檀一分丁香半」；勝蘭香是：「二兩烏沉三兩檀」；藍成叔知府韻勝香有：「沉檀為末各一錢」；禁中非煙方是：「腦麝沉檀俱半兩」；都是以沉檀並用。單獨用沉香者有之；以栴檀香為主，亦非少數。〈藥方帖〉末也提及「略記得如此，候檢得冊子，或不同，別錄去」。

從黃庭堅塗改香藥方中的數量觀之，他可能與其他嬰香方做了比較，顯見是有意識地記錄下沒有栴檀氣味的另一帖嬰香方。

至於豔（牙）消與馬牙硝，同物異名。見水即消，故作「消」，今作「硝」。〈藥方帖〉除了談到甲香的修製外，「末之」、「別研」等都是合香的製法。合香以勻為首要，故要末細，便於融合；而麝香、乳香一類則另器研末後，

1 栴檀，檀香科常綠喬木，產於印度、中國、泰國。栴檀樹木體密緻有香味，常作雕刻或製成佛具。其根部可以研磨成粉，用來製作香料，就是檀香。

眾香材方能勻合為一。還有專門說明如何「搗香」的細節，如：香不用羅量，其精粗搗之，使勻。太細則煙不永，太粗則氣不和，若水麝、婆律須別器研之。

「嬰香」之名出自南朝梁陶弘景的《真誥》卷一〈運象篇〉，描繪九華真妃初次降臨的情形，提到眾真女與侍女的容貌與氣味：「神女及侍者，顏容瑩朗，鮮徹如玉，五香馥芬，如燒香嬰氣者也。」並於「如燒香嬰氣者」小字夾註中說明「香嬰者，嬰香也，出外國」。

嬰香或出外國，似不可考。宋人對嬰香的起源已經眾說紛紜，程泰之撰《香說》以「漢武內傳載：西王母降爇嬰香等品」，表明漢代已有此香，漢武帝時迎接西王母降臨，熏燒嬰香等各香品敬迎。程泰之對史書中未記載此香而有所懷疑，認為其非漢代所有：「然疑後人為之。漢武奉仙窮極，宮室帷帳器用之麗，漢史備記不遺，若曾創古來有之香，安得不記？」

另一種嬰香起源的說法，脫離神仙故事，託於宋代的海船香藥貿易。據《香譜拾遺》記載，香藥屬於國家經營專賣，從嶺南運送到杭州都城的途中，運送香藥綱的船隻不幸翻覆，遺失大半香藥，官方將剩下的香藥混雜和合為嬰香，轉賣而受到歡迎。

不論其源頭為何，《真誥》被視為道家重要的經典，嬰香在宋代被視為道家香法代表，如晁公武以「真誥嬰香」稱之，或張邦基謂「道家嬰香」。

至於嬰香之氣味，黃庭堅的嬰香取氣味清遠之角沉，又除去檀香之氣，此方尚淡雅。入檀香者，氣味較為濃烈。如蘇軾所云：「溫成皇后閣中香，用松子膜、荔枝皮、苦練花之類，沉檀、龍麝皆不用。或以此香遺餘，雖誠有思致，然終不如嬰香之酷烈。」

黃太史四香

和合香在歷代香文化中，具有關鍵性的地位。自稱有「香癖」的詩人黃庭堅，在氣味品鑑上，有獨到的見解，而且有實踐精神。首先，合香如合藥，黃庭堅尤善用藥，常自行合藥服用，如晚年在宜州《宜州乙酉家乘》記載：崇寧四年（西元一一〇五年）「正月三十日作平氣丸」、「二月二十日，累日苦心悸，合定志小丸成」。

宋元之際，黃庭堅善用香之名早為時人注重，陳敬在《陳氏香譜》滙集與黃庭堅有關、最為著名之四帖香方，稱「黃太史四香」：意和香、意可香、深靜香、小宗香。太史為黃庭堅於宋元祐中所任官職；黃太史四香雖非黃庭堅所創，但因黃庭堅稱譽而名顯。

意和香，列為黃太史四香之首。哲宗元祐元年（西元一〇八六年）時黃庭堅在祕書省，賈天錫以意和香換得黃庭堅作小詩十首，黃庭堅猶恨詩語未工，未能盡譽此香，甚至「甚寶此香，未嘗妄以與人」，顯示對此香的珍愛。

黃庭堅〈跋自書所為香後事〉云：

賈天錫宣事作意和香，清麗閒遠，自然有富貴氣，覺諸人家和香殊寒乞。天錫屢惠賜此香，惟要作詩。因以「兵衛森畫戟燕寢凝清香」作十小詩贈之，猶恨詩語未工未稱此香耳。然余甚寶此香，未嘗妄以與人。城西張仲謀為我作寒計，惠送騏驥院馬通薪二百，因以香二十餅報之。

而黃庭堅為意和香所作的詩有十首，即〈賈天錫惠寶熏乞詩多以兵衛森畫戟燕寢凝清香十字作詩報之〉：

險心游萬仞，躁欲生五兵。隱几香一炷，靈台湛空明。

晝食鳥窺台，宴坐日過砌。俗氛無因來，煙霏作輿衛。

石蜜化螺甲，榠樝煮水沉。博山孤煙起，對此作森森。

輪囷香事已，鬱鬱著書畫。誰能入吾室，脫汝世俗械。

賈侯懷六韜，家有十二戟。天資喜文事，如我有香癖。

林花飛片片，香歸銜泥燕。閉合和春風，還尋蔚宗傳。

公虛采蘋宮，行樂在小寢。香光當發聞，色敗不可稔。

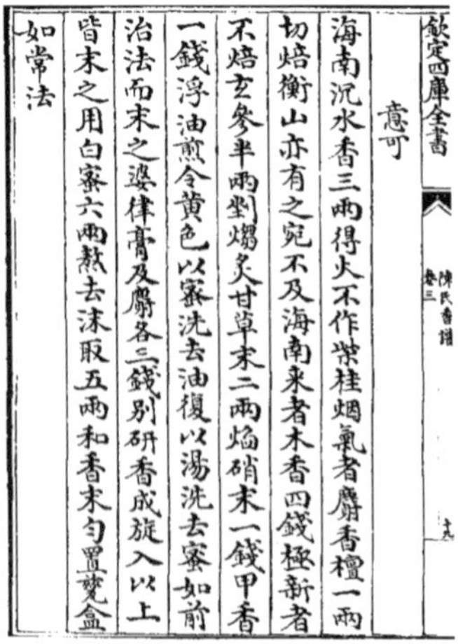
欽定四庫全書　陳氏香譜 卷三

意可

海南沉水香三兩得火不作柴桂烟氣者麝香檀一兩切焙衡山亦有之宛不及海南來者木香四錢極新者不焙玄參半兩剉燭炙甘草末二兩焰硝末一錢甲香一錢浮油煎令黃色以蜜洗去油復以湯洗去蜜如前治法而末之婆律膏及麝各三錢別研香成旋入以上皆末之用白蜜六兩熬去沫取五兩和香末匀置甆盒如常法

黃太史四香之意可香

床帷夜氣馥，衣桁晚煙凝。瓦溝鳴急雪，睡鴨照華燈。
雉尾映鞭聲，金爐拂太清。班近聞香早，歸來學得成。
衣篝麗紈綺，有待乃芬芳。當年真富貴，自熏知見香。

意可香，黃太史四香之二，它有個非常有趣的故事。原先香名「宜愛」，是南唐李後主時期流行的宮中香，因為有位美人名宜娘，甚愛此香，故名。此香香方，經輾轉流傳，黃庭堅從沈立、梅堯臣等人一路傳下來，嫌棄香名出於女性脂粉味而改名：「香殊不凡，而名乃有脂粉氣，易名意可。」

意可香，以香的氣味處處穿透，了無生意者亦必為可，所謂：「使眾業力無度量之意。鼻孔繞二十五有求覓增，上必以此香為可，何況沉酒款玄參，茗熬紫檀，鼻端已霈然乎。直是得無生意者，觀此香莫處處穿透，亦必為可耳。」賦予此香如此威力，無怪乎流傳甚廣。

深靜香，黃太史四香之三，此香方不僅彰顯海南島所產沉香的清婉特徵，還記錄一段深遠的友誼。

深靜香的製作者是隱士歐陽獻，字元老，生卒不詳，後卜居湖北江陵一帶以終，善製香，知黃庭堅愛香，特別製作此香贈別。山谷說過：「荊州歐陽元老為余處此香，而以一斤許贈別。……。此香恬淡寂寞，非世所尚，時時下帷一炷，如見其人。」

哲宗元祐中，歐陽元老曾與田端彥同入李清臣幕，山谷與往來交遊，對其評價頗佳，《山谷集》卷二十六〈跋歐陽元老詩〉，稱「此詩入淵明格律，頗雍容。」其個性親山愛水、恬淡自得，每當山谷燃深靜香一炷時，便想起這位野逸好友，感慨「此香恬淡寂寞，非世所尚」之語。相形之下，意和香的富貴氣，和深靜香的恬淡寂寞，除了氣味的差異，也是富貴與隱逸的兩種人生！

小宗香為黃太史四香之四，黃庭堅有〈書小宗香〉云：

南陽宗少文嘉，遁江湖之間。援琴作金石弄，遠山皆與之同聲。其文獻足以追配古人。孫茂深亦有祖風，當時貴人欲與之遊不可得，乃使陸探微畫其像掛壁間觀之。茂深惟喜閉閣焚香，遂作此香饋之。時謂少文大宗，茂深小宗，故名小宗香云。

小宗香也是一款比較隱逸的香，其名出自南朝劉宋時人「茂深小宗」——宗測，字茂深。其祖父是大名鼎鼎的宗炳，字少文，稱為「少文大宗」。宗測「少靜退，不樂人間」，也有祖風，善畫、好音律，善易、老之學，大宗小宗皆以隱逸留名於史。

因為宗茂深喜好「閉閣焚香」，時人饋此香，稱為小宗香，或南史小宗香，以青棗、鵝梨汁浸海南沉水、棧、檀香，入蘇合香油、甲香、麝、玄蔘，緩火令乾，煉蜜窨藏收儲。這是黃太史四香中，最早的和香香方。

孤山籬落間——返魂梅香

因黃庭堅而彰顯的香方還有返魂梅香。

返魂梅香，原名為濃梅香，又稱「韓魏公濃梅香」或「魏公香」，韓魏公即韓琦。此香之流傳，初因韓琦所愛而傳香法，後惠洪又從蘇軾處得知此香方而傳於黃庭堅。對香一向有主見的黃庭堅卻認為濃梅香之名「其意未顯」而改為「返魂梅」。顧名思義，聞此香氣味可以魂返而活。出自《海內十洲記》所記：「斯靈物也，香氣聞數百里，死者在地，聞香氣乃卻活，不復亡也。」之返魂香為典。那麼返魂梅香的氣味究竟如何呢？出生略晚於黃庭堅的周紫芝聞了之後，用盡各種方式形容：「恍然如身在孤山，雪後園林，水邊籬落」，以「神氣俱清」四字總結！

黃庭堅在徽宗崇寧二年（西元一一〇三年）因建中靖國元年（西元一一〇一年）寫〈承天院塔記〉一文被羅織「幸災謗國」罪名，貶謫廣西宜州。同年十二月，途中從湖北鄂州逆江南下，經過長沙，在碧湘門登岸養病一個月。在此，與好友惠洪相見。黃庭堅記錄當時情形：

> 余與洪上座同宿潭之碧湘門外，舟中衡嶽花光仲仁寄墨梅二枝扣船而至，聚觀於燈下。余曰：

只欠香耳。洪笑發谷董囊取一炷焚之，如嫩寒清曉行，孤山籬落間。怪而問其所得，云：東坡得於韓忠獻家，知子有香癖而不相授，豈小鞭其後之意乎。洪駒父集古今香方，自謂無以過此。以其名意未顯，易之為返魂梅……

衡山花光寺的花光仲仁，歷來被視為畫墨梅創始者，畫梅時以焚香禪定而後一揮而成。黃庭堅焚濃梅香而觀墨梅圖，可見其好香之癖，並非止於氣味，還要求對應環境的相襯，甚至於香方之名稱皆有所堅持。濃梅香因黃庭堅更名後，聲名更為遠播，廣為時人所愛。

從聞思修——聞思香

「聞思香」之名，出自蘇軾詩，傳為黃庭堅命名。「聞思」為佛家經典用語，《香乘》記：「黃涪翁所取有聞思香，概指內典中從聞思修之意。」聞思香見證黃庭堅與蘇東坡之間的一段情誼。在蘇黃應答詩中，兩人以香所結的情緣，令人動容，所謂氣味相投，莫過於此。

宋元豐八年（西元一〇八五年），黃庭堅以祕書省校書郎被召，兩人第一次在京相見。元祐元年（西元一〇八六年），黃庭堅作〈有惠江南帳中香者戲贈二首〉給蘇軾。

其一：

百煉香螺沉水，寶熏近出江南。一穟黃雲繞幾，深禪想對同參。

其二：

螺甲割昆侖耳，香材屑鷓鴣斑。欲雨鳴鳩日永，下帷睡鴨春閒。

黃庭堅從別人所贈送的帳中香談起，分析帳中香的成分，焚香的時機、用何種香具與香味等等。第一首，說明帳中香來自江南李後主後宮，香方中有炮製的甲香（百煉香螺）與沉水香；第二首還是帳中香，換了一種描述方式，用了香材的外形，如昆侖人（南海黑人）的耳朵形狀的甲香（螺甲）和鷓鴣斑沉香，

蘇軾

一種有如鷓鴣鳥羽毛雜色的沉香，以及女性閨房中常用鴨形香熏（香鴨）。不過詩題既然稱之「戲贈」，就考驗蘇軾的回應了，蘇軾以〈和黃魯直燒香二首〉和之。其中蘇詩第一首：

四句燒香偈子，隨香遍滿東南。不是聞思所及，且令鼻觀先參。

為什麼要說兩人是氣味相投，原因就在此。當一方以戲贈，詩句中都是世俗之物、宮廷之香、閨幃之具；然而回答者卻很正經地感謝對方以香為偈子，作為兩人同修共參的回應，乍見之下所彈不同調。然而，蘇軾看出黃庭堅所在意之處，在如深宮深閨幃的朝廷中，香的氣味僅是引子，正如香岩童子因香而悟道，深禪相對同參才是主題。

因此，蘇軾在第二首的回應中以文人書齋中的熏香作為內心的表露，云：

萬卷明窗小字，眼花只有斕斑。一炷煙消火冷，半生身老心閒。

蘇軾當時（元祐元年）已經五十一歲，年過半百，在京任中書舍人，九月為

青瓷鴨熏

翰林學士。然而，如同愛書人進入藏書無窮的書齋，卻眼已昏花，只覺字小；煙消火冷，香味已遠。對蘇軾而言，或許半生身老，大抵只剩「心閒」，對應著黃庭堅的「春閒」了。

聞思香，是蘇黃情誼的最好見證。從元豐八年（西元一〇八五年）歲末到元祐四年（西元一〇八九年）蘇軾離京赴杭州任，在京這段時間，黃庭堅與蘇軾唱和之詩就有三十五首。隨著蘇黃詩應答之流傳，聞思香無論是黃庭堅所用，或是商賈、好事者借黃庭堅之名調配行世，《陳氏香譜》所錄聞思香方二首，配方略異，顯見此香方在宋代頗為風行。

鼻端參禪

文人好香愛香，宋代瀰漫著燒香乃士大夫清致的價值觀。黃庭堅與香的情緣深厚，在日常生活中，時時可見，如元祐二年（西元一〇八七年）感謝朋友贈送焚香用的香爐，而寫下〈謝王炳之惠石香鼎〉云：「熏爐宜小寢思香，鼎製琢晴嵐。香潤雲生礎，煙明虹貫岩。法從空處起，人向鼻端參。一炷聽秋雨，何時許對談。」鼎形小熏爐，用於午睡小寢，用於參禪，或於書齋中與好友對爐相談，透過焚香達到「鼻端參禪」的意境，正符合士大夫的清致高雅。

又如崇寧三年黃庭堅在廣西宜州，朋友知其愛香，或寄或送香來。從《宜州乙酉家乘》記：

> 二月七日李仲牖書，寄婆婁香四兩。同月十八日唐叟元老寄書並送崖香八兩。七月二十三日前日黃微仲送沉香數塊，殊佳。

宋代文人中，對於氣味品評，最精妙者也正是黃庭堅，其〈跋自書所為香後事〉論意和香為：「賈天錫宣事作意和香，清麗閒遠，自然有富貴氣。」又評歐陽元老之深靜香：「此香恬淡寂寞，非世所尚」。

「富貴清麗」與「恬淡寂寞」正好是代表俗世所愛與寒士清薄的兩種境界，黃庭堅融合其中，並未偏執。人鼻所樂之的美好氣味，在黃庭堅詩文中滿溢；而〈藥方帖〉則可說是見證黃庭堅與香結緣的書跡。

北宋 趙佶 聽琴圖 現藏北京故宮博物院

匣琴流水：琴有士子文人像

兩宋是繼唐代之後的製琴鼎盛期，尋藏和製斫好琴成為朝野一時風尚。宋徽宗曾在他的宣和殿專設一個萬琴堂，用來收藏天下名琴。這種宮廷藏琴的風氣一直沿襲到清朝。乾隆皇帝也熱衷名琴收藏，並曾命侍臣將宮中所藏歷代古琴加以斷代品評，分等編號。

本篇作者曾焱。

中國傳統水墨裡，如有仕女或高士撫琴的場景，題寫多半是松溪、臨流、柳下、竹禪、蕉蔭，無不清淡閒散。南宋畫家夏圭有一幅〈臨流撫琴圖〉，枯松之下，高士白袍簡服，抱琴臨水席坐，道盡了遼闊平遠的古琴意境。

蓄琴之好

作為樂器和文物，琴歷來受文人雅士偏愛，「蓄琴」也是一種自古便有的舊好。魏晉名士嵇康鬻房得琴，明末音樂家徐上瀛為求一具名琴不惜敗家，都是美談。至於現在的標準，古琴收藏的斷代下限設在清末，之後的就算今琴了。

以目前公共收藏的記錄，中國各大博物館的古琴收藏總量不過百餘，其中唐宋名器僅二十幾具。唐琴至今已經罕見，如北京故宮博物院藏有名器「九霄環佩」[1]和「大聖遺音」。鑑藏家王世襄也曾提到中國藝術研究院音樂研究所的「枯木龍吟」琴，本是古琴家汪孟舒舊藏，文革時他怕紅衛兵來家中打砸，便將琴送中國藝術研究院音樂研究所收藏，目前為該校最珍貴的唐琴之一。

在藝術品市場上，有口碑的古琴拍賣也僅兩三次而已：二〇〇三年七月，中國嘉德公司拿出一具「九霄環佩」伏羲氏琴，這是唐代古琴首次在中國藝術

1 「九霄環佩」為盛唐製琴名家雷威所做。目下，全球唐琴傳世不到二十把，名為「九霄環佩」者僅四把，其中之一為普洱茶收藏名家何作如所收藏。這把琴先是經名家彈奏，發現音色不佳，很多人誤認其已不適合彈奏。後來何作如有緣找到古琴演奏家李祥霆彈奏，才終於再現天籟之音。

品市場上出現，當時以三百四十六點五萬人民幣（相當於台幣一千六百多萬元）成交。四個月後，著名文物收藏家王世襄收藏的唐代「大聖遺音」伏羲氏琴，以八百九十一萬人民幣（相當於台幣四千一百多萬元）居上，創造中國古琴拍賣的世界紀錄。

二〇〇四年，北京榮寶拍賣公司以三百八十五萬人民幣拍賣了一具宋元琴「龍吟虎嘯」，北京故宮博物院的古琴專家斷其為元代書法大家趙孟頫所藏。二〇〇九年十一月在嘉德秋季拍賣中，明代的「月露知音」琴創下兩千一百八十四萬人民幣（相當於台幣一億多）的新成交紀錄。

二〇〇九年十二月，出自名家的三具唐、宋、元古琴——太古遺音、龍升雨降、元代朱致遠百衲琴，又為古琴收藏界增添新的話題。這三具琴都是近現代著名琴家、「簫聲琴韻室」主人吳景略的舊藏。

在古琴界，吳景略被稱為「虞山吳派」，生前

太古遺音琴

朱致遠百納琴

龍升雨降琴

曾任北京古琴研究會會長。他以一代宗師的地位，開創中央音樂學院的古琴專班，先後發掘整理了《廣陵散》、《胡笳十八拍》、《陽春》、《白雪》、《高山》、《流水》、《雉朝飛》、《墨子悲絲》等近四十首古代琴曲。在鑑定、修復古琴方面，吳景略也被琴家推崇，中央音樂學院的古琴收藏和他淵源頗深。

吳景略舊藏的「太古遺音」琴被斷為晚唐北宋時期，桐木胎，黑漆朱髹，雖存世千年仍品相完好。該琴通體可見斷紋，龍鱗、龜坼、流水、蛇蚹錯雜相間。據專家介紹，一般情況下，斷紋是鑑別古琴年代的重要依據。年久會讓琴體漆灰產生各種細微的自然裂紋，稱為「斷紋」，年代越長，斷紋也就越多愈複雜，它們與琴體渾然一氣，使古琴顯現出一種高貴典雅和古樸生動的氣質。斷紋形態很多，比如蛇腹、蛇蚹、流水、梅花、牛毛、龜坼、龍鱗、冰裂等。有一種傳統說法，認為琴身經百年以上才有天然斷紋，梅花和牛毛斷紋則非千年不能起。

儒者風骨

琴是文人之器，所以它與其他文玩一樣，琴腹款識、琴背銘文都是品鑑的重要內容。在「太古遺音」的琴體上，所鐫「太古遺音」四字因為年久侵蝕，只有「音」字下半部的「日」還清晰可見。龍池兩側鐫有行草：「佩劍沖金聊暫據，匣琴流水自須彈。」下方是宋代理學大儒朱熹手書的詩句：「養君中和之正性，禁爾忿欲之邪心。乾坤無言物有則，我獨與子鉤其深。」琴身上還留有元代大收藏家鮮于樞的一方「玉振」印，寓意「金聲玉振」。

據說吳景略得到這具古琴是在五〇年代初期，他在上海聽人說起此琴下落，當晚就趕到蘇州，出重金購藏。吳景略最重視琴音，就像清末民初琴學大家楊時百所說：「嘗論古琴以聲音為第一，木質次之，斷紋又次之，題識更次之。」此琴音質高古鬆透，輕輕觸按即得正聲，被譽為琴音中之最佳「老生」。吳景略生前錄製全套唱片「吳景略古琴藝術」時，多首曲目都是用這具「太古遺音」撫奏的。

另一具「龍升雨降」琴，是宋琴的代表。它通體黑漆，有蛇腹斷紋，扁而寬的形制則是從宋代才開始有的改變。兩宋是繼唐代之後的製琴盛期，尋藏和製斫好琴成為朝野一時風氣。宋徽宗曾在他的宣和殿專設一個萬琴堂，用來收藏天下名琴。

吳景略

這種宮廷藏琴的風氣一直沿襲到清朝。乾隆皇帝也熱衷名琴收藏，他曾命侍臣梁詩正、唐侃將宮中所藏歷代古琴加以斷代品評，分等編號。在嘉德拍賣的那具「月露知音」琴的琴盒上，就留存有「頭等十六號」字樣，被推斷為當年宮中的乾隆御藏。

吳景略收藏的這具宋琴，篆書名款「龍升雨降」古意盎然，頗具道家氣息，也有專家推測它可能是徽宗「萬琴堂」的藏物，但還沒有更多的證據可以證實。此琴以桐木和梓木合製，發音內斂而蒼潤，曾多次隨吳景略參加大型演出，是古琴界熟悉的一具名琴。

「元代朱致遠百衲琴」的斷紋形態，又和前兩具有所不同，在細密的流水斷紋之間，透出百衲拼合的紋樣，即琴界所說的「百衲透面」。這種樣式由唐人李勉創制。李勉是鄭王李元懿的曾孫，在朝任工部尚書多年，明代古琴家蔣克謙的《琴書大全》專有一節記載此人，形容他「沉雅清峻」，好屬詩，妙音律，能自製琴，又有巧思。他斫製的琴，天下人都以為寶物。

清末民國著名畫家溥儒等人為吳景略所繪的撫琴圖

李勉製琴不用整木，而是將小塊優質桐木精心拼接，看起來像僧人的百衲衣，由此得名「百衲琴」。因為這項技藝艱深，後世琴界便有人偷工，以整板為底，再在上面拼粘散木，也自稱「百衲」，但珍罕程度無法和真的百衲琴相比。吳景略先生收藏的這具琴，落款「赤城朱致遠重修」。朱致遠是元代製琴名家，他的琴「價比金玉」。吳景略先生得此琴後曾說：「朱致遠真百衲也。」

古人講究琴有士子文人之象，「琴面上圓象天，琴底下平如地，琴身直立如人」。唐代以後，古琴樣式開始繁多，比較常見的有伏羲、神農、仲尼、連珠、蕉葉等，它們的主要區別就在於頸與腰部內收的弧度和方式。從宋人田芝翁所著的《太古遺音》裡，可以找到這些琴形的圖示，唯獨缺乏蕉葉琴的記載，所以後人推測，蕉葉琴是宋代之後才創的形制。

吳景略的三具藏琴都是仲尼式。在傳世古琴中，這是比較多見的一種，通常含蓄大方少修飾，在琴家眼中它頗具儒者風骨。

文人盛世的落幕

清明上河圖：繁華背後的憂思

清明上河圖可說是從問世至今，大家最耳熟能詳的畫作。這幅北宋社會的「百科全圖」，主要描繪的是十二世紀初北宋都城汴京（今開封市）東南一隅清明節繁盛的市井風貌。宋室南渡後，北宋耆老舊臣更將此畫視為歌頌北宋宣和年間的繁盛景象之作。至於歷朝統治者，則著眼於「清明」二字，將其用作對自己朝代「盛世清明」的頌揚。

本篇作者艾江濤。

一九五〇年八月，時任東北人民政府文化部文物處研究員楊仁愷，東北博物館（今遼寧博物館）臨時庫房的幾張畫卷中，用顫抖的手捧著北宋畫家張擇端〈清明上河圖〉的真跡。一九五三年一月，在東北博物館舉辦的「偉大祖國的古代藝術特別展」上，這幅名畫首次公開面世，很快引起相關領域學者的關注和公眾極大的興趣。

六十多年過去了，〈清明上河圖〉已然成為大家最為耳熟能詳的畫作，圍繞它的研究也已形成一門獨立的「清明上河學」。這與其寫實性極強的風俗畫特點不可分割。根據學界的主流觀點，這幅北宋社會的「百科全圖」，主要描繪的是十二世紀初北宋都城汴京（今開封市）東南一隅清明節繁盛的市井風貌。在縱二十四・八公分、橫五二八公分的畫卷上，遠郊、舟橋、城樓、市集及各色人物徐徐展開。據統計，〈清明上河圖〉一共繪有八一〇多人、九十餘頭牲畜、二十八艘船、二十輛車、八頂轎子、一七〇多棵各類樹木、一三〇餘棟屋宇。

長期以來，畫卷的主題成為大眾關注的焦點。宋室南渡之後，北宋耆老舊臣懷念故京之盛，更將此畫視為歌頌北宋宣和年間的繁盛景象之作。「庶幾開卷得睹當時之盛」，正是孟元老撰寫可與畫卷圖文對照的《東京夢華錄》的原因。另一方面，自問世以來，畫卷被不斷臨摹創作，歷朝統治者著眼於「清明」二字，往往將其用作對自己朝代「盛世清明」的頌揚。

然而，畫卷的原意究竟為何，張擇端為什麼要畫這幅畫，卻逐漸被堆積隱沒於歷史的迷霧中。有關張擇端的個人資料，僅存的只有金人張著所留的八十五字跋語，從中我們只知他來自山東諸城，曾遊學京師，後攻繪畫，供職北宋翰林圖畫院。畫卷的其餘十幾個題跋，則既有金人充滿感懷的「興衰觀」，也有元人所感覺到別有深意的「憂勤惕厲」，及明人的「觸目警心」。

事實上，清明上河圖完全是一幅盛世危機圖，精心選擇的寫實構圖，背後隱藏著繪者曲諫諷世的良苦用心。

所幸一代代的解讀者，開始逐漸從畫卷中讀出繁華之外的更多資訊。而要解碼那些隱藏在長卷中的豐富內涵，只有不斷走進它所描述的圖景與歷史。

風物長卷

清明上河圖的絹本略帶晦暗，淡淡一層色彩敷在瘤結粗壯的柳樹、屋舍、樓門上面，觀者若俯下身去，便會發現往來其間的一個個細小人物神態生動，各有故事。

畫卷如同高潮錯落的交響樂，水陸並行。第一段落是清疏而富有生趣的城外郊野。甫一打開，在樹叢中間的小道上，一個大孩子領著幾頭馱著木炭的毛驢正準備跨過小橋。由於開封周圍無山，燃料匱乏，每年除了透過漕運大量運炭，民間也會從陸路自運。有研究者認為這是運炭過冬，以此判斷畫卷所繪為秋景，事實上汴京一年四季均需運炭備用。

第一頭毛驢的頭戲劇性地朝左一扭，帶領我們繼續前行。樹木掩映下，幾間農舍中間有一個打麥場，上面還放一台碾子。七、八株粗壯的柳樹旁邊，一隊裝束各異的行旅緩緩出城。柳樹是汴河兩岸的一大特色，自隋代開通運河以來便不斷種植；不斷被砍去枝丫的堤柳長滿瘤結，枝條粗壯，頗有堅固堤岸的功用。與之相對，卷末趙太丞家旁的一株柳樹，則顯得綠意婆娑。

與此同時，畫面上方的一行人掃墓而歸，童僕蹦跳著開路，女眷坐在插著柳枝的轎子裡，官人騎馬跟隨。一旁的土牆趴著幾個張望的孩童，後面則是大片菜畦。道路前方，似有一匹馬急奔而來，一個婦人慌忙上前保護正在路上玩耍的孩子。不知不覺中，拐了一道彎的汴河此時出現在眼前，河上行駛著形制不同的船隻：圓短體闊的漕船、船體狹長窗戶很多的客船、底層裝貨上層載客的客貨兩用船、裝飾考究的畫舫。一艘平底漕船在碼頭卸糧，工頭正在發按件計酬的錢給搬運工。沿河街市熱鬧起來，一些忙完的船工正好可以到附近酒店喝幾杯。附近還有一家名為「王家紙馬」的紙馬鋪，清明節出城上墳，可在此購置相關物品。

汴河之上的漕運，是北宋的立國之本，歷來是國家頭等大事。當時的汴京有四條主要河流，分別是金水河、五丈河（廣濟河）、蔡河（惠民河）和汴河，均為人工開掘的運河，負責將各方糧食物資源源不斷運往京師，其中

宋 張擇端 清明上河圖（局部）

連接黃淮的汴河是最為關鍵的補給線，年運糧食物資達六百萬石（約三十萬噸），為五丈河（六十二萬石）和蔡河（六十萬石）的十倍。由於黃河含沙量太高，宋初政府規定每年十月至翌年二月封河，其間發動民工三十萬清理河床，以確保汴河暢通無阻。

在元豐二年（西元一〇七九年）引洛入汴之前的整整一二〇年間，清明節一直被當作汴河的首航日。清明節這天，汴河口打開，黃河水急湍而下灌滿汴河。守候在下游、載滿貨物的船隻趁勢逆流而上，直入汴京。由此不難理解，張擇端為何選「清明上河」作為表現汴京風物的重點。

沿著占據畫卷中央的第二段落——汴河漕運繼續前行，很快來到整幅畫卷的高潮部分：虹橋。虹橋邊上，此刻正上演緊張萬分的一幕：一輛滿載旅客的航船已經駛近虹橋，但高聳的桅杆卻忘記放倒，河流湍急，情況十分危急。發現險情後，一位船工趕忙鬆開纖繩放下桅杆；另一位船工用長杆頂住拱橋橫樑，讓船無法靠近；舵工則趕緊轉舵橫擺，讓船減速；幾位篙工持杆用力撐向河底，竭力避開旁邊船隻；幾位船工呼喊來船注意，當心碰撞。有趣的是，艙頂上還站著一位老婦和小孩，也在喊什麼。岸上、橋上人群中，有拋繩索幫忙的，有出主意喊叫的，有閒聊議論的，還有袖手旁觀看熱鬧的，

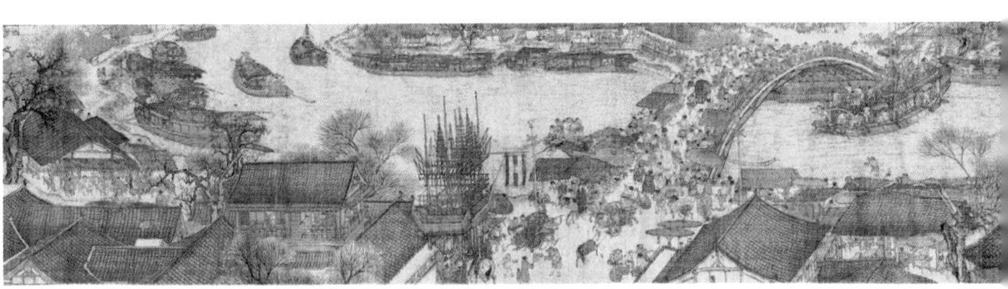

整個場面沸沸揚揚，毫無冷場。

橋上人群擁擠，同時在上演著一齣鬧劇：坐轎的文官與騎馬的武官互不相讓，順坡而下的毛驢拉著滿載貨物的車子，幾乎失控，推車的老漢驚恐地張大了嘴巴。

虹橋邊上，可以看到一個打著「十千腳店」的立體燈箱廣告，頗為現代。這是一家規模不大的酒店，「十千」還有在後面會看到的「美祿」，都是酒的名字。據北宋張能臣的《酒名記》載，「美祿」是出自「梁家園子正店」的一種名酒。根據《東京夢華錄》的記載，汴京有七十二家大酒樓（正店），以樊樓（白礬樓）、潘樓、會仙酒樓、高陽正店、仁和正店最為著名。

北宋的酒文化發達，在全卷十幾處酒樓旁，還可看到打著新酒、小酒、稚酒的酒旗，「老酒」指的是可以長期貯藏之酒，「大酒」也還算質高味醇，但比不上老酒。「小酒」則是一種春秋兩季隨釀隨售的酒，比較便宜。至於新酒、稚酒，則指剛釀成的酒開甕就喝。更有甚者，還有專治酒傷的診所。

沿著道路繼續前行，很快就進入畫卷的第三段落：城門附近的街市。沿途有賣飲子（類似於涼茶的飲料）的、說書的、算命的、行乞的、理髮的、賣茶的、賣糕點的、賣香料的，五行八作，不一而足。在巍峨高聳的城樓下方，還有一個稅務所。過城門交稅是宋朝的慣例，只見屋中央坐一位光著腳丫的稅務官，旁邊一位貨主似乎正和他核對什麼，屋外的另一位貨主手指貨物，似乎與稅吏爭辯稅費太高，臉漲得通紅。兩位路人被吸引了過來。與此同時，城樓上一個人正在靜靜地注視著這一幕。

腳店的彩樓歡門底下，掛著一個紅綠綢紗製成的燈，叫梔子燈，這是酒店提供妓女陪客的暗號。據《都城紀勝．酒肆》的記載：「庵酒店，謂有娼妓在內，可以就歡，而於酒閣內暗藏臥床也。門首紅梔子燈上，不以晴雨，必用箬蓋之，以為記認。」

在畫卷中，還可以看到不少人手裡拿著圓形的扇子，有研究者據此質疑清明時節的合理性。其實，這種扇子叫「便面」，北宋的朝廷官員到販夫走卒聚集的鬧市時，依規定需要換便服，手拿便面半掩臉。元祐年間蘇軾被貶之後，他還曾漫步汴京街頭，手持畫有自己肖像的便面，以示抗議。

汴京的繁盛，除了發達的漕運，還得益於打破唐以來坊市分區的硬性阻隔。北宋汴京城內完全廢除坊市分割，允許面向大街開店，與民居錯雜其間。乾德三年（西元九六五年），宋太祖詔令解除宵禁，汴京很快出現了通宵達旦的夜市。正是這些因素，使汴京形成流動性的、以汴河為主線、以十字路口為空間轉換、沿街店鋪為市場的新型流動感強的城市經濟。

超越界畫

除了那些生動而微的人物、熱鬧繁盛的場面，清明上河圖中造型精緻、透視準確的船隻、樓房和城門，也給人很強的視覺衝擊。其實，這正是張擇端的當行本色：界畫藝術，這也是張著在題跋裡所透露的：「擅長界畫，精舟車房屋，城郭橋樑。」

所謂界畫，指的是一種用直尺表現建築的繪畫。由於比較規制缺乏意趣，界畫在文人畫盛行的明清不被重視，但在崇尚法度的宋元，卻被視為畫科中最基本的功夫。元人湯垕的《畫論》中便如此描述界畫的易學難工：「世俗論畫必曰：畫有十三科，山水打頭，界畫打底。故人以界畫為易事，不知方圓、曲直、高下、低昂、遠近、凸凹、工拙、纖麗，梓人匠氏有不能盡其妙者，況筆墨規尺運思於縑楮之上，求合其法度準繩，此為至難。」

對宋代畫家來說，界畫藝術首推五代宋初的郭忠恕，其作品在雅韻和逸氣中不乏法度與規度。學習界畫出身的張擇端，不可能不受其影響。郭忠恕的「車棧橋閣圖」、「水閣晴樓圖」、「明皇避暑宮圖」等三十四幅界畫名作均入選《宣和畫譜》卷八〈宮室〉裡。奇怪的是，在北宋徽宗時期編纂的《宣和畫譜》所收錄的二三一位畫家與六三九六幅作品中，既沒有張擇端，也沒有清明上河圖。這很可能是宋徽宗對畫建築房屋的界畫要求極高，以致除了郭忠恕，後面的人幾乎都沒收錄。此外，在《宣和畫譜》編纂之時，清明上河圖已被賞賜出宮。

其實張擇端的界畫藝術更上一層樓——他將界畫與徒手畫線相結合，並不拘泥於界尺。比較五代另一位界畫大師衛賢的「閘口盤車圖」中的彩樓，其與清明上河圖中腳店門前的彩樓形制基本相同，但在描繪手法上，前者用的是界畫線描，後者則是徒手描繪，藝術上更富於變化。

界畫僅僅是清明上河圖繪畫技法的一種，而它在藝術上的最大特點，首先是技法全面，除了花鳥，其他畫科基本都涉及了。其次，場景大，畫幅小，細和小表現得非常好，人物的頭雖然只比芝麻粒大一些，卻能藉由姿態表現出急躁、慌張、悠閒等情感。

這種細小而微的藝術風格，受到北宋講求「格物致知」的哲學思想影響。此外，北宋雜劇、話本藝術發展出的敘事特性，也不斷擴展在其他藝術門類的領域，比如舞蹈與繪畫，這一點在興盛一時的風俗畫中體現尤為明顯。只是與北宋畫家燕文貴的「七夕夜市圖」，高元亨「夜市」、「角抵」等風俗畫相比，清明上河圖改變了過去的「一景一事」模式。

清明上河圖還將中國畫的散點透視發揮得淋漓盡致，對同一段落內的景物與人物兼用不同視角處理。學者趙廣超以畫卷城外郊野的一個片段為例分析：「例如平視馱著柴炭的毛驢，略向上仰看抬著轎子那一行步履匆匆入城的隊伍，立即又俯瞰騎驢出城的旅客。」這種富有文字穿插描寫味道的處理方式，可以同時表達不同角度及時序的內容。

盛世之憂

仔細觀察畫卷中的漕船，可發現上面並沒有官兵守衛，屬於私家漕船。而在北宋，無論是郭忠恕的雪霽江行圖還是另一幅佚名的閘口盤車圖中所描繪的運糧場景，無一例外都有押運官的身影，由此可見朝廷對漕糧的掌控力。清明上河圖中所描繪的十一條運輸糧食的私人漕船，背後所折射的正是當時社會潛在的官糧危機。

稽以史籍，在北宋歷史上，官府與商賈曾為控制糧食市場展開過激烈的競爭。開寶五年（西元九七二年），為了穩定糧價，北宋政府接受了限價售糧的建議，明訂一斗糧食七十文，商賈聽到這個消息，因為沒有獲利空間，不敢再運糧到京師。為了抵禦年饉和控制商賈勢力，北宋歷朝在汴河沿岸設立許多官倉。

由於聽信蔡京等權奸「豐亨豫大」的宣揚，宋徽宗靡費國庫，極盡享樂，更在崇寧三年（西元一一〇四年）廢除舊制，停止官運漕糧，改運「花石綱」。結果沒多久，官倉空虛，政府失去了對糧價的控制，帶動汴京周圍物價上漲。

此外，在畫卷裡，我們沒看到任何消防和城防官兵，汴京成為一座完全不設防的城市。史載，由於汴京絕大多數建築都為磚木結構，火禁非常嚴格，除了夜市，居民區任何人不得在半夜時分點燃火燭，夜間用火，必須申報獲得批准才行。此外，每坊均設有一座望火樓，而畫卷裡唯一的一座望火樓已擺上休閒桌凳，顯然無人守望。可見，消防廢弛也是畫卷中要表達的社會危機之一。宋徽宗很不重視消防，宣和初年宮中便發生過一次大火災，一舉燒毀五千間房屋，幾乎占了整座宮室的三分之二，以致很多宮女在雨天都沒有地方居住。

此外，遞鋪（朝廷公函送往外地的第一站）門口慵懶的官兵，稅務所門口因重稅發生的爭執，卷末前宮中御醫趙太丞家專治酒傷所反映出的酒患成災，都折射出徽宗時期的北宋王朝所潛伏的深刻危機。

畫卷中，蒙在車上的一塊寫滿大字的蓋布，在城門外和城郊出現過兩次，一度令人費解，因而被稱為「奇特的蓋布」。考證當時朝野發生的大事，崇寧元年（西元一一〇二年），徽宗詔令親書黨人碑，廢黜蘇軾舊黨與元祐學術，崇寧二年，蔡京下令焚毀元祐黨人的墨蹟文集。因此畫中那些作為蓋布的書法，很可能是從衙署或宅第拆除下來的舊黨墨痕，被拉往郊外處理。嚴酷的黨爭與瀆文悲劇，也隱然藏於圖中。

從元祐黨人書法蓋布，結合畫卷中婦女的頭飾、製錢的大小、羊肉的價格，私漕開通的時間，以及張著題跋中所提及的《向氏圖畫評論集》可能的出版時間，我們可以推測清明上河圖的創作

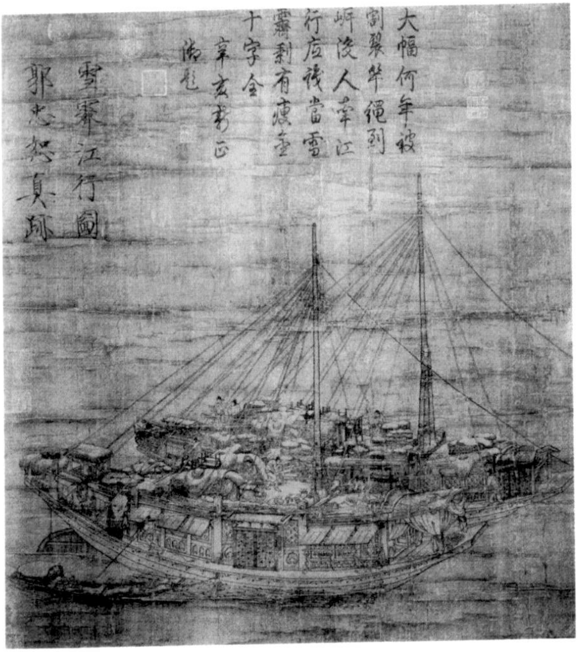

宋 郭忠恕 雪霽江行圖
台北故宮博物院藏

時間，大約在徽宗崇寧年間。

「驚馬闖入郊市」是一個焦慮的開場，船橋幾欲相撞的全卷高潮，可視為當時社會衝突與對峙達到高潮的象徵。儘管虹橋下出現不和諧之聲，有學者卻將其視為盛世中如何應對突發事件的一個象徵，進而得出攜手齊心、同舟共濟的結論。然而，乾隆皇帝甫一登基即命五位宮廷畫家繪製的清院本〈清明上河圖〉裡，舟橋通暢，顯見清明盛世容不下任何不和諧的雜音。

汴京自東水門外七里至西水門外，共有十三座橋，唯有虹橋、上土橋、下土橋三座橋樑是木結構的拱橋。畫卷中描繪的虹橋究竟是哪一座？學者歷來對此莫衷一是。若採用俯視的視角，將畫卷還原為城市地圖，會發現與當時的汴京地圖完全對不上。畫中橋頭並無橋的名字，城樓也刻意略掉名字，只隱隱見到一個「門」字。另一方面，畫卷中出現的店鋪與酒樓名字，均無法在《東京夢華錄》裡查到。顯然，這是張擇端有意為之的選擇，圖中所繪景致風物，是經過提煉概括的實情而非實景。

整個北宋，諫議制度相對開放，除了臣工的進諫，一些小吏的婉諫也可上達天聽。神宗年間，詩人鄭俠找人畫的一幅流民圖，直接導致權相王安石的下台和新法的中止。由此可推想，張擇端或許也想透過這樣的盛世危圖，

宋 張擇端 清明上河圖（局部）

向宋徽宗委婉諫言。他相信深諳藝術的徽宗，一定會了解畫中的深意。

然而當時距北宋覆滅已不到二十年，溺於玩樂、嗜好工筆精巧畫風的徽宗，早已沒空琢磨，也不會喜歡清明上河圖了。沒過多久，他便把這幅畫賞給向氏後人。

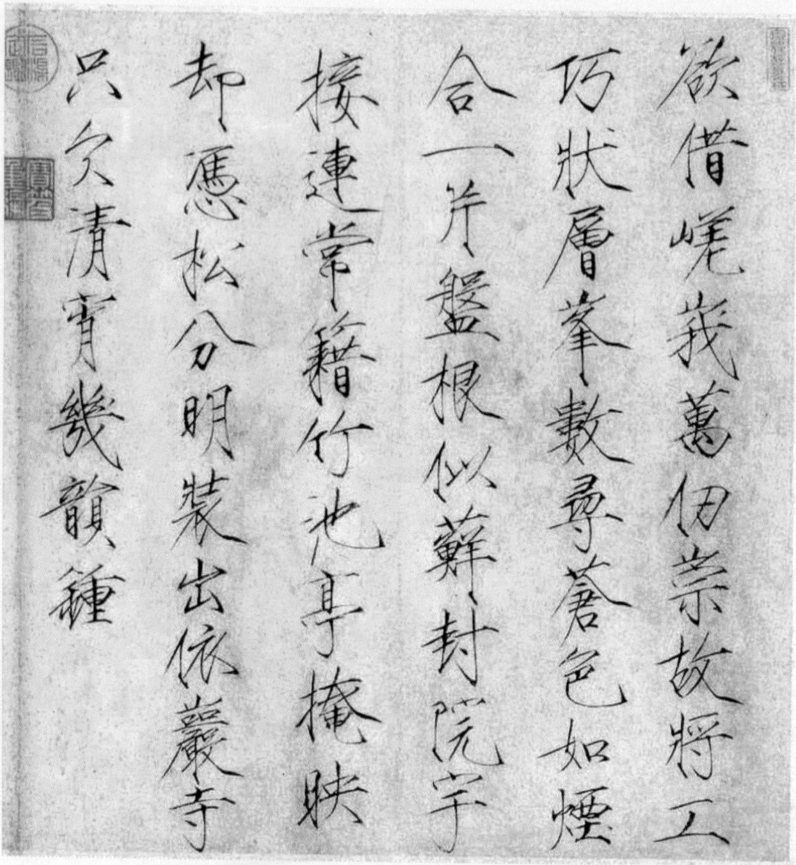

北宋　趙佶　欲借風霜二詩帖　現藏台北故宮博物院

宋徽宗：風流總被雨打風吹去

許多文本或誇張或隱晦地記錄了宋徽宗的苦難，但令人懷想的是「北狩」之前的趙佶，神采氣度，世間再無。他的瘦金體大多是方寸小字，唯獨〈穠芳詩〉為大字，凡二十行，每行僅寫兩字，用筆暢快淋漓，傲氣十足，一如其人。

穠芳依翠萼，煥爛一庭中。零露沾如醉，殘霞照似融。丹青難下筆，造化獨留功。舞蝶迷香徑，翩翩逐晚風。

本篇作者葛維櫻。

快樂天子，時代主角

宋徽宗一生的行走路線，除了「北狩」[1]外，幾乎都留在京畿地區。事實上，宋代皇帝大多終生留守宮禁之中。與此相對的是，宋代文人開創了大量的山水遊記和繪畫，旅行在當時成為最流行的生活方式。這是宋徽宗人生中唯一未曾涉獵的領域。不過徽宗發現許多替代方案，使其生活不需透過遠行，也能變得有趣、愉快。他的宗教和審美訴求，都是為了使其世界不至於太小。道教的宇宙圖景絕非狹隘和有限制的。假設徽宗能夠規律地出巡、檢閱軍隊，並在現場與他的將軍們交流，也許他將會對如何與女真的統治者阿骨打協商，有更棒的直覺，又或者他可能會對哪位將軍能夠擔當大任，有更正確的認知。

春天，金明池開池了，宋徽宗就命蔡京擴大池子，更加大張旗鼓地玩樂。金明池最初修建的用意，是讓太宗操練水軍，以三萬五千人力建成，引入金水河。後來，金明池失去軍事意義，逐漸演變成一個市民遊樂園，主打節目為「水嬉」，即具有表演性質的水戰。澶淵之盟後，天子游幸金明池、上元節宣德樓觀燈等節目，成為雷打不動的國家級盛典。這讓宋徽宗有更多玩樂的選項。每年三月一日開池，他的車駕就天天準備好前往，而三月二十日是他固定前往的

1 古代漢語的委婉詞彙，通常用於描述某朝代的皇帝因為某些原因而被外族軍隊俘虜的事件。

日子。他會帶后妃們去觀看水嬉，在自己身邊設彩棚。水嬉活動在汴京，有點類似今天拉斯維加斯的水上表演。百戲樂舞、雜劇等，共組成九個節目。水上百戲有「大旗、獅豹、神鬼、水秋千」，類似今天的演員從秋千上跳水的活動，而水上樂舞則是普通表演。

此外，金明池也成為各種故事、傳說和樂趣的發生地。有一次童貫兵敗逃跑，為朝野所恥笑。教坊於是找來三四婢演戲，各梳不同頭髻，其中扮「童大王」的居然說自己是「三十六髻」，影射「三十六計走為上」的梗，居然可以當著徽宗、童貫、蔡京的面在內府裡表演，可見當時風氣開放的程度。宋徽宗自己也是表演欲極強，即便被臣子、道士譏諷嘲笑，全不在意，反而開心。蔡攸說他「好個神宗皇帝」，他就鞭打對方說「你也好個司馬丞相」。

有宋一代，社會氛圍是奢侈富足，卻不是淫靡頹喪，而是絢爛輝煌。艾朗諾發現在徽宗近三百首關於宮廷生活的詩篇中，幾乎沒有描寫宮廷婦女生活苦悶，即所謂「宮怨」方面的題材。他把後宮生活描繪得富貴、快樂和悠閒。他有八十幾個子女，「後宮宮女無多少，盡向園中笑一團」。我們能看到的是，在他的宮詞裡，宮女們學習射箭、打球，玩選仙（即小額賭博），這種被書寫下來的理想化宮廷生活，有其先發制人的用意。詩篇中強調的美與善，相互協調，在徽宗看來，對善與仁的追求，本身即體現了人理之美。

身為宋代的超級明星，宋徽宗趙佶幫自己設計的簽名是「天下一人」。這一個字看起來像個沒連上的「天」，有時腳伸得特別長，有時又特別短，像個得意揚揚的戴帽子小孩，卻怎麼也不願意「出頭」，是最著名的花押。[2]

每年年底，是宋徽宗最期盼的時節。他是正統社交控、大聚會的發起者、首都絕對的主角。只見他本人帶頭簪花騎馬，讓士大夫們在東京的夜晚更加自由。宋代本來就每年有三次大型慶典，分別為春、秋、聖，各地百姓從士大夫到農民，無不遊樂。被繁華盛景吸引的仁宗朝宮女，聽到宮牆外的熱鬧歡笑聲，還會抱怨宮裡冷清。到了宋徽宗，乾脆從每年的臘月就開始準備，一直玩到正月底。

做為研究宋代開封的最重要的敘事和圖像史料，《東京夢華錄》和清明上河圖，二者都是以宋徽宗時代為歷史背景。後人對於宋代社會生活的論述和描繪，在有意無意之中，也多以徽宗時代作為樣本。而中國繪畫史必定以宋這個光榮的時代為中心。集中在宋徽宗身上的光芒，在後世越來越彰顯，以至現在的任何一種流行美學、高雅生活方式，都有宋徽宗的影子。身為人的個性和靈性，趙

2 花押，即古代的個人簽名，始於唐代，又稱「草押」。許多文人都有自己獨創的花押。宋徽宗的花押十分特別，被稱為「絕押」。

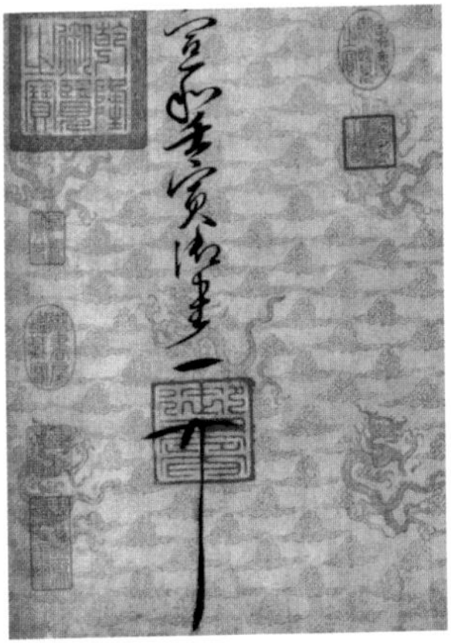
宋徽宗「天下一人」花押

佶在皇帝的位置上不僅沒有被壓抑，還利用自己占有的絕佳公共資源的優勢，徹底大鳴大放了一回。

政和五年（西元一一一五年），宋徽宗從十二月二十九日就開始期待新年，大放元燈。他覺得觀民風、察時態對自己這位「有道明君」來說是個重要任務。到宣和五年，鼇山燈[3]一直從臘月初一放到正月十五，並且還要提前一個多月準備，創下中國節慶史紀錄。之前的趙家皇帝還要打著與民同樂的旗幟，聲稱自己並不好遊玩，但趙佶把「玩」變成了正經的口號，「宣和與民同樂」，大牌子就掛在燈山上，輝煌奪目。

御樓觀燈時，他讓百姓們盡情靠近。上元節，他特許仕女接近自己，不僅可隨便看皇帝，還賜酒一杯。一女竊取了飲酒的金杯，結果被衛士發現押到他面前，女子當下立誦〈鷓鴣天〉，工整又坦白，說自己喜愛節慶的美好，與丈夫攜手觀燈卻失散了，「歸家唯恐公姑責，竊取金杯作照憑」。徽宗大喜，將金杯賜予該女子。

人生嘗試與時代要求

3 元宵節時用彩燈堆疊成山，遠看猶如傳說中巨鼇的形狀，故稱鼇山燈。

宋徽宗趙佶就是這樣一個至情至性之人。他十九歲繼承兄長的皇位，僅僅六週後，就對自己所居住的環境開始了「不美」的抱怨。當時的宮牆用翠毛裝飾，如同珠寶首飾一樣精雕細琢，但這樣已經持續幾十年的父兄打造的奢靡裝潢，卻不符合宋徽宗的品味。

當時的北宋歷經澶淵之盟帶來的百年和平，從歐陽修以降，到王安石、蘇軾等最著名的政治家們，不僅有許多出身平民的布衣宰相，且還都是沒有經歷過戰爭的「青年一代」。一個人在宋朝的人間社會如何生存，這樣精神層面的問題，在北宋時還沒有答案。後世喜歡在「文藝復興」的思維上尋找當時這些英才們的思想光輝。以「唐宋變革」來看，宋進入「近世」，不再是唐代貴族氏族社會。在中央集權的制度裡，皇帝本身的定義已經產生了極大的變化。「官家」這個稱謂透露出皇帝已經成為官僚體制中的一員。

宋徽宗的人生嘗試正是從這裡出發的。北宋知識分子從程氏兄弟到王安石父子到蘇軾兄弟，有一種擺脫黑暗、再現黃金時代的氣概。這種風氣是一種理想主義：面向未來，治理現在。這是經濟大好時代的表現。

從這時開始，無論新舊兩黨，都拚命讚美皇帝以堯舜為榜樣。誠意、正心、修身，這些品格成為皇帝和士大夫都需要秉承的倫理道德。神聖王失去了市場，哲人王成為現實。皇帝成了上司，不是君臨下界，而是與自己具有相同本性、服從同樣倫理規範的領導者。

站在當時人的角度來看，宋徽宗完全符合一個時代偶像的要求：優雅、博學、多思，具有藝術氣質而非孔武有力。男性精緻文雅的新潮流，是有宋一代的轉向，從追求「大丈夫」到崇拜文人，而這個時代轉向的代表人物，就是宋徽宗。

趙佶十五歲封端王的時候，已經融入開封最富有的收藏文化圈。神宗的駙馬王詵（西園雅集的召集者）和趙佶最要好，他送梳頭篦刀給端王的同時，也送了高俅過去。米芾、李公麟等都是端王的朋友。趙佶少年時就已聲名遠播，「國朝諸王弟多嗜富貴，獨佑陵在藩時玩好不凡，所事者惟筆硯、丹青、圖史、射御而已」相較於那些與他同時代的皇家子弟，「不凡」這樣來自後世的讚美，對應的是他未登基時前朝宰相給的「輕佻」評語。

神宗熙寧年間，皇親國戚月俸七萬多，官員四萬多，這還不包括公家報銷。那時，很多東京的高樓、名園都屬於私人，奢侈的建築、宏麗的花園比比皆是，木材市場興起，《營造法式》誕生。宋王朝大興土木，裝點盛世，一時間，高收入和高消費讓文化欣賞變成了北宋士大夫的日常生活。在都市空間裡，人工創造自然、享受自然，築山、挖池，用迷你山林塑造倒錯的日常，此即一千年前從開封到洛陽的熱潮。司馬光的獨樂園，就是洛陽十七名園之一。

除了園林熱，還有對石頭的狂熱。米芾的奇石就極多，他在任時因為不好好工作受詰問，結果他老兄一塊接一塊變戲法一般地從袖子裡拿出石頭來，讓對方完全崩潰，忍不住大叫：「太美了！給我一個。」在一顆石頭裡看出大自然，宇宙、神靈寄託於一石，正是時人最熱衷的信仰，後來也成為日本「枯山水」的源流。

在理學尚未禁錮人心的時候，宋朝就是這樣一個宣導心性和修養的時代。對於至情至性的宋徽宗，元代修宋史的脫脫的評語是「諸事皆能」，就是不會當皇帝。不過現今學者對此有新的論點。宋徽宗這種對藝術的極致追求，背後無不包含著政治和思想的訴求。宋徽宗面對的是一個昇平之世，北宋社會穩定繁華，經濟生機盎然。無論是士人階層淡泊自然的理趣意旨，平民社會的道德倫理訴求，還是中央集權對國家統治的縱深程度，都遠超過唐代，而宋王朝對外的文化影響空間輻射，亦遠超過其國土面積。儘管宋徽宗也有收復燕雲十六州的雄心壯志，但相對於政治軍事上的開拓，他更在意的是邁出以規範來定義「美」的步伐。

美的定義與聖王之治

日本學者小杉一雄認為，宋瓷「才是貫通古今東西，人類所能得到的最美的器物」。關於瓷，最有名的詩句來自宋徽宗對美的定義。「雨過天青雲破處」是他做的一場夢，這詩也可能是柴榮所做，但大量的文獻記載，都把這句話送給了致力提升官窯青瓷標準和品質的宋徽宗，因為他追求極致美感的形象深入人心。探討宋徽宗的日常生活，會被「兔毫連盞烹雲液」的精美茶盞所吸引，會為「白乳浮盞面，如疏星淡月」的茶花而感嘆。宋徽宗的專著《大觀茶論》要求，茶盞尚青黑，有玉毫條達，用水需清輕甘潔。由此確立了品茶的最高表現形式，並突破「飲」的界限。

再說北宋官窯，這是中國陶瓷史上第一個由朝廷獨資投建的國有窯口，宋代官窯瓷也是第一個被皇帝個人壟斷的瓷器種類。這就是宋徽宗趙佶的創舉。官窯嚴格按照宋徽宗詔敕編纂的《宣和博古圖》為造型藍本，以仿三代青銅器和古玉器為主，「名古器」為造型依據，讓產品件件有典、稟賦深義，成為當年宋徽宗「新成禮器」的一部分。這些帶著文化密碼的瓷器在當時還只是皇家日用品，而離宋徽宗眼中的真正藝術之美的距離還非常遙遠。

什麼是美？如何定義？對於美的前所未有的熱衷，在中國還是第一次。無論中國、日本還是全世界，有一種布迪厄[4]所謂的「被身體化的嗜好」，也就是中國文化密碼，這種密碼很容易就追尋到宋徽宗身上。回到當時的現實，宋徽宗的書法和畫作並不僅僅因為他是皇帝就能得到淺薄的奉承與認可；他經常廣賜大臣書畫，有時受賞者多達六十人，但朝野之人無不奔相走告，只求一觀。及至南宋，流傳在外的徽宗書畫已寥寥無幾，到乾隆時認真求索，徽宗真跡也

4 皮耶．布迪厄（Pierre Bourdieu，西元一九三〇年至二〇〇二年），法國著名社會學大師、人類學家和哲學家。

屈指可數，且大多藏於宮廷，世間難得一見。

宋徽宗用瘦金體寫給地方學校的文章和蔡京的題字一起刻碑，送往全國的學校，御筆詔文在全國勒石豎碑，作為君王與臣民相互溝通管道，借此向全國臣民布達關於新政與道教的思想。宋徽宗那獨特的瘦金體御書，更展示了他的天生才華與無比魅力。他是用自己的書法藝術力圖表明，自己才是政治舞台的主角。這與他以往被塑造的形象有巨大的不同。

什麼是美的表現形式？宋徽宗用自己的藝術創作回答了這個問題。書法、茶、畫、收藏、園林，中國文化被津津樂道之美，都在他的日常生活裡。宋徽宗以自己的創作、標準和品味來發展藝術，這些美的表現形式，流傳了漫長的歲月，被一代接一代文化精英、士大夫為主體的審美者乃至今天的平民百姓繼承延續。即使宋徽宗是一個如此失敗的皇帝，但藝術史、收藏鑑賞史的力量，逐漸積累下來的卻是文化的認知。

恒久典範的建立、對規範的追求、對秩序的重視，如果僅僅以「美學」來概括宋徽宗的作為，顯然過於簡單化。趙佶登基後做的最重要的一件事，是管理帝國臣民的信仰。他對禮樂制度的建設有很高的期待，欲透過禮儀制度的建設來達到自己的政治目的。現在中國大部分神的性質、名稱都是《政和五禮新儀》制定的。從朝廷到普通家庭，採取的是完全同一的標準。如此詳細制定禮儀規範的內容，在中國歷史上再也沒有過。王國維說：「凡傳世古禮器之名，皆宋人所定也。」宋徽宗第一次把古禮器青銅器集中定義，內府所藏青銅器達八百多件。中國知識分子的收藏熱由此開端。

北宋中期，黨爭延續了三十年，進行到了宋徽宗的時代，新舊黨已經發展到用一套相同的極端話語體系來互相攻擊「忠、奸、正、邪」。然而，宋徽宗卻與他的祖父、父親不同，他希望走上古聖人的道路。神宗時期，君王所關心的是國家的政治與經濟，關心如何變法以達富國強兵的目標；到徽宗時期，君王轉而更關心禮制文化，力求達到「上古聖王」的目標。正是在此一層面上，徽宗從「上古聖王」的政治概念中引申出施至治之權，行有為之政，試圖全面改造社會。

定義品位與伸張自我

在宋徽宗的帶領下，北宋人的文化生活開闢了大片新天地。瘦金體、花鳥、文人畫代替了趙佶個人的具體形象，他以品味和修養成為千年裡長久流傳的典範。在書法、繪畫上，他既擁抱過去，又開創一大流派。他的書法學自黃庭堅，但又自成一體，寫字速度飄忽快捷，「省墨水」，前所未有。

宋徽宗的瘦金體經常給人秩序、精準、紀律，但極富優雅、風格、精美與才能的深刻印象。「宋體」就是秦檜仿瘦金體而做出「橫細豎寬」的通行字體，至今仍是華人電腦裡常使用的字體之一。有學者認為瘦金體是「斷金割玉」，加入極強個性、思維和情感的書法。其菱形的筆畫特別符合鑽石切面的角度，與講究「藏鋒」不同，鋒芒畢露，燦爛閃爍。事實上，趙佶對自己的書法非常有自信，於是才有「崇寧通寶」這樣中國古貨幣裡的最美作品。

在昇平之世裡，才人輩出，當時的畫師大都選擇入內供奉，「藝術類」考生獲得俸祿和地位，也第一次形成「院體」風格。張擇端、李唐都是畫院出身，然而他們的畫作卻並不局限於單一的題材、畫法。海外史學家普遍對北宋宮廷畫師追求壯麗與開闊的意境，而不單表現宮廷生活進行過研究。北宋滅亡後，畫師南下，又開啟南宋繪畫的新時代。

有宋一代，書法、繪畫成為文人伸張自我和主觀的形式。「達我意，會我心，適我意。」書畫完全成為個人的追求。在宋徽宗以前，書畫尚未能融為一體，但他以其獨到的品味與深厚的涵養確立了文人畫的風格。竹鎖橋邊賣酒家、亂山藏古寺，以意境來考核繪畫，宋徽宗是第一人，也奠定了文人畫審美的方向。國家財力豐厚，更讓宋徽宗可以把自己品評藝術的標準推廣成為範本。從《宣和畫譜》就可以很清楚地知道，宋徽宗喜歡的是五代及宋的畫作，又特別喜歡花鳥和山水，每個類型他都有特別喜歡的畫家。

而宋徽宗本人最擅長的也正是丹青，「筆墨天成、妙體眾形」是趙佶畫作和諧感的最佳體現。「桃鳩圖」藏於日本，二〇〇四年在日本公開展出。宋徽宗畫鳩瞳「隱然豆許，高出紙素，幾欲活動」，被評為「詩性與再現性寫實的融合」。鳥兒的眼睛如此鮮活，讓動畫《螢火蟲之墓》、《風之谷》導演高畑勳感嘆道：「從側面捕捉其姿態的鳩鳥，眼睛溜圓，本來很容易流於平面，成為刻板的圖案，但作者特意從這個角度去描繪，顯然正是要借這種不以正面呈現的手法，營造出一種裝飾趣味和不流俗的美感。對鳥喙的精妙刻繪，渾圓的鳥腹顯示出體態的俊俏豐滿，這些都讓人感受到鳥兒切實的體溫與生命活力。」

花鳥表達的是人，特別是大自然和人的關係。「人物鬼神，睛活則有生意。先圈定目睛，填以藤黃，夾墨於藤黃，以佳墨濃加一點做瞳子，須參差不齊」。宋徽宗用桐花煙來治墨，墨才夠薄，每研磨間，其光可鑑，但也被詬病「一兩墨價值一兩黃金」。

身為動物愛好者，趙佶做端王時就喜歡豢養動物，登基後立即恢復皇家動物園玉津園的經營。園中有麒麟（長頸鹿）、靈犀、神羊、大象之類從天竺、交趾等國家進貢而來的動物。宋徽宗是真心喜歡這些動物，他的白鷹和五色鸚鵡之所以畫得如此神妙，和他的心性愛好不無關係。

宣和時期畫作展現的是太平無事的美好。宋徽宗考察畫師，出題目為「孔雀升高，必舉左」，這種意境宛然使後世之人，尤其南宋士大夫，感慨其巧奪天工，甚至痛哭天涯。回到當時那個年代，最早對徽宗之畫做出描述和讚賞的，只有比他大二十多歲的蔡京。兩人書畫相合，蔡京的序跋往往先講自然界的一般規律，然後話鋒一轉，說皇帝「德動天地」，畫出純白之鷹。他本來見過此鷹，但皇帝的畫作讓他更覺神妙無以復加。

〈雪江歸棹圖〉是蔡京親眼看著徽宗畫的，「水遠無波，天長一色，群山皎潔，行客蕭條，鼓棹中流，片帆天際，雪江歸棹之意盡矣」。徽宗的畫固然妙，蔡京的字也很美，這樣的傑作上升到神智與造化之上，屬於兩個人神交的水準。收藏加評論，這就是宋徽宗為後來歷代中國文明愛好者留下範本的作品。

同時代的其他文人，即使是那些與蔡京在政治理念上相左的人，也無法抑制其對美的感受。宋徽宗愛馬，但他筆下的馬兒，絕不是模擬隋朝畫馬名家展子虔而來。即便是主戰派的領袖人物李綱，也收藏了兩幅徽宗的馬。即便李綱在靖康之難中獨擔大任卻終遭背棄，他還是為徽宗「非行非立非馳逐」的畫法所展現的馬的純粹高貴之美而震撼，「如馬一毛，如地一塵」。

北宋湮滅，家國破碎，李綱的心情是「小臣淒憤」，不由得發出「空留此馬落人間」的嘆息，因為趙佶已經墜入一去無消息的漫漫「胡塵」之中……

金甌缺：兩宋王朝的真實與想像

歷經晚唐以降百餘年的動亂，興起於河東、兩淮之地的趙宋王朝，以長江中下游為中心再造社稷，使中國得以重享三個世紀的安定與富饒。它的統一與偏安、新法與舊黨、富足與孱弱，在矛盾中自有其魅力；更以存亡之際的兩場抗爭，成為塑造中國人民族精神的來源。寓張力於「金甌有缺」之中，正是宋的時代特徵。

本篇作者劉怡。

殿前都點檢（禁衛軍司令）趙匡胤在陳橋驛被將士披上黃袍的那一天，為後周世宗顯德七年（西元九六〇年）正月初三，上距朱溫篡唐五十三年，下距靖康之變一六七年。周世宗柴榮在半年前出征幽州之時意外病逝，繼位的幼帝柴宗訓未及改元，就在一片紛亂之中被他倚之為柱石的禁軍趕下了龍椅。其時，趙匡胤尚有一項兼職「歸德軍節度使」，治所在宋州（今河南商丘），系春秋時代宋國故地。是故由他開創的新王朝，便以「宋」命名。巧合的是，一六七年後趙匡胤的七世侄孫趙構同樣在宋州（其時已改稱應天）稱帝，延續了本朝的國祚。

趙宋時運

明人羅貫中所著《殘唐五代史演義傳》中，有〈趙霸入汴誆軍糧〉一回，所述的是趙匡胤之祖父趙敬（趙霸）在後唐軍中時，自後梁手中騙得十萬斛糧草的傳奇。其時與趙敬同在黃河北岸和梁軍對峙的後唐諸將中，竟有五人相繼成為皇帝，其中石敬瑭、劉知遠、郭威分別開創了五代中的晉、

宋太祖趙匡胤

漢、周三朝，間隔卻僅十三年，時局之亂可見一斑。

在後唐的四位君主中，有三人是毫無血緣關係的螟蛉義子，後周更是出現內侄繼位卻不改姓（柴榮繼承舅父郭威的帝位）的離奇情形，足可窺見儒家的「大義名分」與皇權儀禮，經過安史之亂以降兩百年的衝擊，在華北地區已蕩然無存。趙匡胤的陳橋兵變，與乾祐三年（西元九五〇年），後漢樞密使郭威在澶州黃袍加身、帝業自為的情形毫無二致，不過是「兵強馬壯者當為之」、以武力強推異姓革命的重複。

以梁啟超為代表的近世史家在檢討宋人的王朝正統觀時，尖銳地指出《冊府元龜》、《舊五代史》之類的北宋史書之所以提出「五代」這一概念，將朱溫篡唐以降那五個曇花一現的華北王朝（其中還有三個是沙陀人所建）視為與隋、唐無異的完整之「代」，本質上是為了掩飾趙宋自身的得國不正。若要使趙匡胤的陳橋兵變名節無虧，就必須肯定郭威澶州兵變的合法性；繼而連稱臣契丹之晉、四歲而亡之漢也被奉為中原正統，宋人始可按照「五德始終」的合法性傳承理論，宣稱「本朝上接唐之土德、晉之金德、漢之水德、周之木

宋徽宗趙佶

宋太宗趙光義

宋高宗趙構

德，應火德之瑞」。

若以開國之初的疆域論，趙宋不過占據河東、兩淮的七十餘州，北有北漢、契丹，西有党項、後蜀，南境則與荊南、南唐、吳越對峙，缺乏地理屏障，面積不及盛唐的三分之一，可謂殘山剩水、金甌有缺。但宋終究沒有重蹈五代短命的覆轍。儘管終三百年之世，它也沒能完成興復幽燕的偉業、真正成就大一統局面，但托庇於太宗、真宗以降的政治改革和注重文教，兩宋得以擺脫此前兩百年間藩鎮林立、武夫當國的困境，成為全球首屈一指的工商業大國、貿易大國和文化中心。

漢末以來沉寂已久的儒學，在宋代得以重光；以印刷、醫術和火藥為代表的技術革新，以茶藝、瓷器和書畫為代表的文化潮流，乃至繁盛的貨幣經濟與發達的市鎮，更是前代難得一見的盛景。儘管它那臃腫孱弱的國防力量、內訌不斷的官僚體系和竭澤而漁的賦稅制度使其兩度在外敵的兵鋒面前「突然死亡」，但宋之文明成果與文化滋養，至今猶有遺德。自兩宋起，中國社會逐步進入以平民階層為主體的時代；西學東漸之前的本土文化，亦在此際達到了登峰造極的高度。

燕雲的詛咒

對崛起於後周版圖之上的趙宋而言，決定其安全形勢、國防資源配置甚至王朝命運的關鍵事件，早在陳橋兵變之前二十二年就已發生。彼時，趙匡胤還只是十一歲的頑童，其弟趙光義更是要到一年後才會出生。

後唐清泰三年（西元九三六年）夏，天平節度使石敬瑭於太原起兵，對抗其內兄、末帝李從珂。由於官軍勢大、戰局不利，石敬瑭遣其謀臣桑維翰向契丹國主耶律德光求援，許諾滅後唐後將奉契丹君主為「父皇帝」，並割讓燕薊、河東兩節度使治所內的十六州土地。契丹軍隨後依約南下，擊破包圍太原城的唐軍，並冊封石敬瑭為後晉皇帝。隔年石敬瑭攻陷洛陽、滅亡後唐之後，果然於次年交出十六州之地，每歲還向契丹納絹三十萬匹。從那時起直到明洪武元年（西元一三六八年），中原漢人王朝始終無法收回燕薊之地。因諸城規模以燕州（亦稱幽州，今北京宛平）和雲州（今山西大同）為最大，故此地往往合稱「燕雲十六州」，契丹（遼朝）則分設南京、西京兩道以管轄之。

燕雲十六州東西寬約六百公里，南北長約兩百公里，總面積超過十二萬平方公里，居高臨下，將古長城與燕山、太行山北支之險盡收轂中。遊牧民族的騎兵以此為基地、越華北平原南下，須臾可抵黃河；後唐、後晉、後漢三朝的發家之地太原府亦在其威脅之下。而中原政權在失去這一地理屏障之後，在北部邊境將面臨長久的入侵風險，對兵力、財力皆構成巨大的潛在負擔。故從後周建立之日起，即圖謀恢復燕雲之地。世宗柴榮於顯德六年（西元九五九年）興兵北伐，攻下瀛、莫二州，旋即病逝。一年後趙匡胤黃袍加身，北伐之任遂轉移到宋的肩上。

趙宋立國之初，先以「杯酒釋兵權」建立起君主對禁軍的絕對控制，隨後相繼攻滅荊南以及割據湖南的武平軍。乾德二年（西元九六四年）冬，趙匡胤與丞相趙普、晉王趙光義在一個雪夜確定了統一天下的戰略：先南後北，首先消滅實力較弱但治所富庶的後蜀、南漢、江南國（南唐）、吳越等南方割據政權，隨後一鼓作氣、興兵北伐，攻破依託太原堅城固守的契丹附庸北漢，並一舉收復燕雲十六州。

此舉與「先北後南」的主動進攻路線相較要保守一些，但一旦北伐失敗，還有南方的廣闊腹地可作退路，因而為政

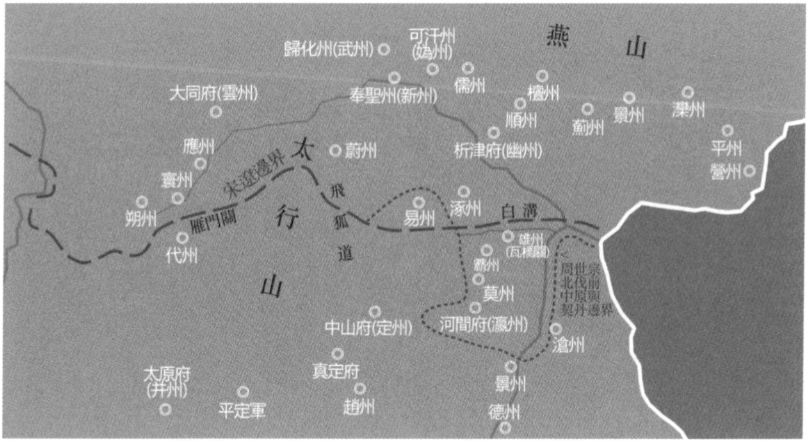

燕雲十六州圖

權初建、家底不厚的趙宋君臣所喜。從乾德二年到開寶八年（西元九七五年），宋軍大致按照此一戰略，完成了對東南半壁江山的統一，同時積蓄財富準備北進。但因為太祖趙匡胤在開寶九年十一月神祕去世，統一北方之業遂在太宗趙光義即位後方開始全面實施。

太平興國四年（西元九七九年）春，宋軍在付出不菲的傷亡代價之後，終於攻下北漢的都城太原，並將這座唐末以來北方藩鎮的權力中心夷為平地。大軍隨後越太行山東進，直驅燕州，企圖一舉收復燕雲失地；但在城北高梁河（今北京紫竹院、動物園周邊）一帶被遼軍主力擊敗，全線潰退，連宋太宗本人也被射中兩箭，被迫乘驢車落荒而逃。

休養生息到雍熙三年（西元九八六年），趙光義再度發三路大軍北上，企圖利用遼聖宗少年繼位、根基未穩的機會一雪前恥。但曹彬統率的東路主力在攻占涿州之後孤軍深入，於岐溝關遭遼軍精銳痛擊，傷亡之巨令沙河為之壅塞，一路後撤至雄州才站穩腳跟。受其牽累，已奪回五個州的中、西兩路宋軍也被迫撤退。結果不僅未能達成進軍目標，反而丟失易州，加上日後遼在遵化一帶新設的景州，連周世宗收復瀛、莫二州的成果也被葬送。此後宋軍在北方開始轉為防禦，滿足於透過種植樹木、開挖河渠等消極手段抵擋遼的進犯。

宋太宗駕崩之後七年，遼聖宗發兵二十萬南下，在黃河北岸的澶州與宋軍對峙。新任同平章事（宰相）寇準力諫宋真宗御駕親征，使遼軍難於速勝。入冬之後，雙方展開談判，於景德二年（西元一〇〇五年）一月達成停戰協定：宋遼邊界以雁門關至瓦橋關一線的實控範圍為準，宋放棄對燕雲十六州的領土要求，遼亦不得南侵。作為回報，宋每年向遼提供銀十萬兩、絹二十萬匹的歲幣（仁宗年間增加到銀二十萬兩、絹三十萬匹），兩國君主約為兄弟，承認彼此的合法性。此即著名的「澶淵之盟」。

與動輒耗費數百萬緡（每緡合銅錢一千文）的戰爭費用相比，這當然是極實惠的安排。從那時起，遼宋兩國間的和平維持了約一二〇年，自中唐以來實為罕見。但燕雲十六州給趙宋帶來的詛咒並未就此消弭。儘管宋遼之間的邊界已經確定，但由於缺乏天然屏障，宋仍須在邊關駐紮數量龐大的防軍加以防範。加上党項人控制的定難軍宣布獨立、建立西夏政權，宋在西北方向依舊面臨可觀的軍事壓力。

要防備邊患，就須養兵；而宋代推行募兵制，將正規野戰部隊統一編為禁軍，士卒自二十歲入伍起即成為職業軍人，須服役至六十歲方告退役，期間只有不到三分之一的壯年時段具有實際戰鬥力。為解決此問題，又須不斷增加部隊員額，長此以往乃形成冗兵現象。這一困局又因首都的選址失誤而進一步惡化——趙宋立國之初，與後梁一樣定東京（開封）為都城，意在利用通濟渠（隋運河）的便利獲得從長江流域運來的米糧。但東京地處平原、無險可守，自太行山以東南下的騎兵可以輕鬆叩關，在戰時乃是絕佳的進犯目標。故宋太祖在晚年曾想遷都西京（洛陽），借伏牛山之勢以為憑靠。但其時聯通東西兩京的運河河段已經因年久失修而淤塞，糧食、物資只能由陸路運進，耗費相當可觀；加上身為繼承人的宋太宗不願放棄自己經營多年的開封府，此項動議最終作罷。

為拱衛一馬平川的首都，只得拚命堆積防軍，到徽宗年間竟已達禁軍八十萬（《水滸傳》中的名號即由此而來）之眾——這還只是負責警戒首都的衛戍部隊的數量。包含充當雜役的廂軍在內，全國軍人總數由太祖時的二十萬一路膨脹至仁宗以後的一二五萬，養兵竟須耗費歲入的80％。而如此龐大笨重的野戰軍，實際戰鬥力依然不濟，對遼和西夏的戰略均勢依然要靠歲幣賄買來達成。

奇怪的是，即便如此，宋人對燕雲十六州的執念仍根深蒂固。徽宗宣和二年（西元一一二〇年），朝廷遣使自登州渡海前往遼東，與女真人建立的金國締結盟約，相約共同對遼作戰。金軍負責攻打遼之上京與中京，宋軍則北上收復南京（燕京）和西京（雲州），雙方戰線以長城為界。事成之後，金人允諾由宋收回燕雲十六州中位於太行山以東的九個州和雲州，宋則將此前贈予遼人的歲幣改贈金國。換言之，為了實現燕雲之夢，宋徽宗及其朝臣在尚未辨明形勢的情況下就決定撕毀「澶淵之盟」，發起一場已經一百多年未曾實施的北伐之役。

宣和四年開春以後，由宦官太尉童貫指揮的十五萬宋軍越過白溝北進，但被早已嚴陣以待的遼軍擊退，出師不利。此時金軍已經攻下中京，向長城一線穩步推進。而童貫在嘗試攻打燕京失利後，被迫向金人求援，允諾城破之後將二十萬居民和金銀、糧草全部讓予金軍，宋人僅收回一座空城。到宣和五年戰事基本告終時，宋軍實際只接收了太行山以東的七個州和燕京孤城，同時還要向金國移交軍糧二十萬石以及現金一百萬緡（一緡合銅錢一千文）作為酬賞。

但宋徽宗被「大捷」衝昏頭腦，竟還想拿下不屬十六州範圍的河北重鎮平州（盧龍），令金人勃然大怒。宣和七年深秋，金軍大舉南下，對不久前的盟友發動了攻擊。早在征遼之役時，金人對宋軍的真實戰鬥力和弱點就已了然於心，他們所採取的進攻套路，正是一百餘年來宋人最畏懼的一種：東路軍取道定州、真定府直插東京，西路軍從太原指向洛陽，過黃河後向東京迂回。

宋徽宗匆匆讓位給太子趙桓（欽宗），逃往鎮江避難。東京守軍在尚書右丞（少宰）李綱的指揮下，一度迫使東路金軍撤退，但趕來支援首都的宋軍主力在折向太原途中，被金國西路軍殲滅殆盡，喪失了最重要的有生力量。於是當金人在靖康元年（西元一一二六年）秋天再度兵分兩路南下時，分頭迎敵的宋軍對其已無法造成任何傷害。靖康二年二月初六，在從宋人手中勒索了黃金二十一萬兩、白銀七四〇萬兩、絹帛一百多萬匹、婦女兒童無數之後，金人宣布將宋帝趙桓廢為庶人，與已經禪位的太上皇趙佶及宗室男女共數萬人一同押往北境。

靖康二年初夏，徽、欽二帝在金兵的押送之下，終於抵達趙宋王室一百多年來魂牽夢縈的燕京之地。兩人隨後被流放至遙遠的五國城（今黑龍江依蘭），在那裡淒慘地度過餘生。宋人光復燕雲的漫長理想，伴隨著徽、欽二帝的「北狩」，最終落空，成為靖康之變的一個難堪注腳。一百多年後，元朝喇嘛楊璉真伽盜掘安葬於紹興的宋徽宗靈柩（南宋紹興十年由金人送還給南宋政府），發現棺木裡僅有幾塊火化後被擊碎的骨頭碎片，不由得大驚小怪地叫嚷道：「南朝皇帝根基淺，竟然化了！」

中流北與南

靖康之變的災難，不僅徹底終結了宋人收復華北的奢望，連帶也使作為帝國心臟的河南腹地（洛陽、開封）被兵禍摧毀殆盡，無法再充當中樞之用。金人雖無意直接統治中原，但在撤兵之時擄走了大部分趙宋宗室，並冊封尚書左丞（太宰）張邦昌為傀儡政權「大楚」的皇帝，統治黃河以南的宋朝故地。

張邦昌自知缺乏根基，在金軍撤退後主動將政權移交給留在東京的宗室家長、哲宗廢皇后孟氏。此時徽宗第九子、康王趙構正在相州（今河南安陽）招募義軍勤王，聞聽二帝已被擄走，遂於靖康二年五月一日在遠祖趙匡胤的發家之地應天府登基，改元「建炎」。宋帝國的歷史乃進入通稱為「南宋」的階段。

趙構稱帝之時，黃河與淮水之間還是宋金交鋒的前線地帶。金人聞聽張邦昌政權崩潰、趙宋王朝復起，乃於建炎元年（西元一一二七年）冬分三路再度南侵。趙構倉皇由應天奔往揚州，金軍於翌年初二度進占東京，並在次年直驅江淮。南宋朝廷被迫由瓜洲逃往浙江，輾轉抵達杭州，改其名為「臨安府」，以為行在（天子駐蹕之所）。但金軍依然緊追不捨，誓要對趙宋王室趕盡殺絕。

建炎三年冬天戰況最烈之時，整個南宋朝廷都龜縮在兩百餘艘海船之上，漂流於浙江外海長達一個月之久，待天熱後金人北返，方才站穩腳跟。或許是由於「建炎」這個年號未能帶來任何祥瑞，

中興四將圖（局部） 左一韓世忠，左三劉光世

中興四將圖（局部） 左二岳飛，左四張俊

四年後，趙構決定改元「紹興」，並在數年後正式決定以臨安為新王朝的首都。

建炎三年金軍南侵之時，已經開始面臨戰線拉長帶來的困擾。其時在建康、廣德軍一帶有岳飛指揮的抗金部隊，江陰、鎮江一線則有韓世忠統率的宋朝水軍。金軍水師主力一度被韓世忠堵截在建康東北的黃天蕩水域，險些全軍覆沒，僥倖挖通老鸛河故道方得脫險。此時效忠於趙構的抗金軍隊名義上雖領有朝廷建制，但徵募、指揮完全由帶兵將領自行負責，實際上已經在向唐末的藩鎮模式演化。宋高宗對此雖有戒心，但在朝廷的安全難獲保證的情況下，也只能在建炎四年將韓世忠、張俊、岳飛等人所率的部隊改制為中央禁軍「神武軍」，每一將領麾下的獨立部隊逐漸擴充至兩萬人以上。

金人對頻繁南侵卻無法獲得全盤勝利也感到困擾，遂於建炎四年夏冊封南宋東平知府劉裕為「大齊皇帝」，在黃河與淮水之間建立緩衝國偽齊政權。此後金朝正規軍的注意力集中在陝西前線，試圖從關隴之地越過秦嶺，但被宋軍宿將吳玠、吳璘兄弟所阻；從山東、河南之地南侵的偽齊傀儡軍則被岳飛接連擊退。至此，軍事上滅亡南宋的企圖基本宣告失敗。

武力之計未成，金人轉而訴諸政治解決。其時，隨徽、欽二帝一同北上但隨後攜妻子死裡逃生的進士秦檜已經升任參知政事（宰相）。他深知宋高宗對揮師北上、恢復中原意興闌珊，更擔心宋欽宗被金人放回，可能影響自身帝位的合法性，因此竭力主張罷兵議和。

紹興八年（西元一一三八年），金朝使節在臨安與秦檜達成初步協定：金歸還河南、陝西之地，送回已故的徽宗夫婦的梓宮以及尚在人世的趙構生母韋氏，作為交換，宋必須承認金的宗主國地位，成為金的藩屬。但金國內部以兀朮（漢名完顏宗弼，金太祖第四子）為代表的主戰派對此頗為不滿，紹興十年夏，兀朮再度遣兩路大軍南下，對河南和陝西發動正面進攻。

其時，宋人正因和議即將達成而鬆懈，對金軍的再度南侵毫無準備，東京、西京、南京相繼淪陷。但當兀朮進至順昌府（今安徽阜陽）時，遭東京副留守劉錡指揮的兩萬名「八字軍」攔截。宋軍以拒馬器械和重斧擊退了兀朮的重鎧騎兵「鐵浮圖」和「拐子馬」，金軍死五千餘人，傷一萬人，損失戰馬三千餘匹。緊接著，拐子馬又在郾城和潁昌被岳飛所部擊潰，被迫全軍後撤。宋軍追擊至距離東京僅四十五華里的朱仙鎮，距故都僅有數日路程。

兀朮不由得痛哭失聲：「我自渡海起兵以來，數年未嘗敗績，今番竟淒慘如許，莫非天意歟？」岳飛則豪邁地對部下表示：「今次殺金人，若得直搗黃龍府（今吉林四平），當與諸君痛飲！」關鍵時刻，秦檜激起了宋高宗的綏靖之心：「金人議和，答應歸還聖母太后和二聖梓宮，如今若是打下開封，恐怕對議和不利。」趙構隨後在一天內連發十二道退兵金牌，迫使岳飛以及同在前線奮戰的韓世忠、張俊等將領退兵。紹興十一年春，三人相繼被解除一線部隊的實際指揮權，張、韓二人出任樞密院使，岳飛為副使。

緊接著，開始有神祕人士檢舉岳飛部將張憲意圖謀反，秦檜以「莫須有」為藉口，將岳飛父子及張憲先後收監。此時金人已經廢除累贅的偽齊政權，並追封已故的徽宗為天水郡王，以向南宋示好。同年十二月，金朝使節攜趙構生母韋氏的親筆信到臨安，毫無鬥志的宋高宗直言「朕不恥和」，命秦檜火速擬定和約條款。

在紹興十一年（西元一一四一年）底達成的這份宋金和約，史稱「紹興和議」，較兩年前的草約更為苛刻：宋金兩國的新邊界東起淮水中流、西至大散關，包括東西兩京在內的河南故地和整個山東都被併入金國，宋還讓出已經收復的唐州和鄧州；在陝西，南宋將商、秦兩州約一半的土地割讓給金，換取韋太后南歸。宋奉表稱臣於金，金之國主冊封宋主為皇帝；每逢金國國主生日及元旦，宋均須遣使稱賀，每年春還要向金人繳納貢銀二十五萬兩、絹二十五萬匹。

在和約的補充條款中，雙方還確認了「南（人）自南，北（人）自北」的原則——位於白溝以南、宋金新國界以北的原北宋領土被定義為「北土」，其

宋 迎鑾圖 絹本故事畫。右側為前來迎接的韋太后之弟、安樂郡王韋淵，描繪紹興和議之後，宋使迎回徽宗夫婦靈柩以及高宗生母韋太后的情景。

範圍內的漢族居民統統被視為金朝子民，一旦越界南行，將被拿捕遣返。換言之，南宋已經淪為徹頭徹尾的偏安王朝，與大一統再無任何關係。

作為和議達成的最後一項注腳，是年十二月二十九，除夕之夜，三十九歲的岳飛在臨安大理寺的風波亭內被賜死。他的殉難固系源自秦檜的直接迫害，最終根源仍是宋高宗本人的功利和自私。這位趙官家（皇帝）在金人日復一日的南下進犯中耗盡了青年時代僅有的一點血氣，既然衣冠南渡之後的東南半壁依然足以保持富饒，「還我河山」便成了可有可無的虛妄矯飾。處死岳飛，不僅足以壓制鼓吹反攻河南的抵抗力量，確保紹興和議的執行可得順遂，還將徹底終結因十四年戰爭造成的軍令出於督帥、獨立於朝廷控制之外的局面。

此後岳飛、韓世忠、張俊等人的舊部被重新整編為淮東（鎮江）、淮西（建康）、湖廣（鄂州）、四川（成都）和行在五大總領所，財政和統率權由中央統一掌控，恢復了宋初文人領軍的局面。而狹隘自私的趙構雖未留下子嗣，卻高壽至八十歲，在紹興三十二年（西元一一六二年）禪位後又做了二十五年的太上皇，比他的得力幹將秦檜多活三十二年。

紹興和議之後，宋金之間維持了二十年的和平。領土損失過半的南宋托庇於江南的經濟開發和工商業進步，並未顯出頹勢。直到紹興三十一年，金海陵王完顏亮渡河南犯，但在採石磯和金口接連為宋將虞允文所敗。金國隨後發生內亂，海陵王死於軍中，繼位的金世宗完顏雍在乾道元年（西元一一六五年）再度與宋締結和約，將南宋每年給金的歲幣削減為銀二十萬兩、帛二十萬匹，兩國改以叔侄相稱。此後直到宋寧宗開禧元年（西元一二〇五年），兩國維持原有邊界，相安無事。

出人意料的是，打破現狀的動力首先來自南宋。宋寧宗趙擴即位後，外戚韓侂胄的勢力逐漸上升，被任命為太師、平章軍國重事（以宰相銜總領軍務）。他既非科舉出身，與擁戴宗室重臣趙汝愚的朱熹等道學家又勢同水火，自然希望做一件大事以提升自己的人望。其時金國坐困於統治階層的文弱化和北方的蒙古人襲擾，國力處於下滑狀態。韓侂胄認定求取軍功的最佳時機已經到來，遂鼓動寧宗為岳飛平反，加諡號「武穆」，追封為鄂王，同時削去秦檜的王爵，將其諡號改為「謬醜」。

輿論準備工作就緒之後，韓侂胄於開禧二年興師北伐，在漢中、淮南和山東同時發動進攻，希望一舉收復北宋時代的四座京城。然而現實遠遠比理想來得殘酷：行動開始之後不久，總領四川前線各軍的吳曦（名將吳璘之孫）就向金人投降，獻出階、成、和、鳳四州，使西路的攻勢完全癱瘓。而中路渡淮河北上的主力軍雖然取得小勝，卻在襄陽附近被僕散揆指揮的三萬金軍擊退。結果宋軍不僅被迫撤出淮北，連淮南的和州、真州以及西面的大散關也告淪陷。

事實證明，儘管背後面臨蒙古人的威脅，無法大舉深入，但是有作戰經驗的金軍面對養尊處優多年、「廄馬肥死弓斷弦」的宋軍，猶有一戰之力。韓侂胄企圖捐出私人財產二十萬緡，勉勵將士再戰，但寧宗及其宮廷班底已經對這位言過其實的宰相失去信心了。開禧三年十一月三日，韓侂胄在入宮早朝途中被禮部侍郎史彌遠的親信用亂棍杖斃，割下首級送往金營。開禧北伐就此草草收場。

嘉定元年（西元一二〇八年），宋金兩國簽署新的和約：金放棄對淮南、江北新占領土的要求，恢復紹興和議之時的兩國邊界；宋對金的歲幣增加到銀三十萬兩、帛三十萬匹，兩國君主由叔侄關係改為伯侄關係。此外金人在和議中還提出一項頗具象徵意義的要求：恢復秦檜的謚號、王爵。在那之後，南宋實權逐步落入與江西道學世家關係密切的史彌遠、史嵩之叔侄之手。

回想開禧北伐之前十七年，煥章閣學士楊萬里受命前往淮河國界迎接金朝使節時，曾寫下「何必桑乾方是遠，中流以北即天涯」的名句。燕雲十六州境內的桑乾河，對偏安已久的南宋君臣已成遙遠的記憶，而近在咫尺的淮河中流，卻清晰地劃定了「北」與「南」的界限。

通往崖山之路

南宋與一河之隔的金國在成熟中走向荼蘼之時，一個新興的游牧民族正在蒙古草原上興起。在韓侂胄醞釀北伐的那些年裡，孛兒只斤·鐵木真已經率領他的部落征服東起呼倫貝爾、西到阿爾泰山的廣袤疆土。西元一二〇六年，他在全蒙古大呼拉爾台（部落會議）上被推舉為「成吉思汗」，即「大海洋之可汗」。

自寧宗嘉定元年（西元一二〇七）年起，蒙古開始對稱臣於金的西夏發動試探性進攻，並於次年直接攻打金的昌、桓、撫三州，擊破金國三十萬大軍。嘉定七年，蒙古騎兵拿下金之中都（即昔日的燕京），在河北、河東一帶如入無人之境。無計可施的金宣宗不得不下令遷都汴京（開封），把昔日的戰利品北宋腹地作為最後的戰略根據地加以經營。自開禧北伐以來已成驚弓之鳥的南宋君臣，此時終於直起了腰桿。嘉定七年，在朱熹的門徒真德秀的建議下，宋寧宗決定停止向金支付每年六十萬的歲幣。

金國在三年後出兵南侵，接連奪取西和州、成州、鳳州等地，但在襄陽、棗陽被南宋守軍擊敗。此時成吉思汗正忙於西征，無暇顧及中原地區的變局。但西元一二二六年蒙古大軍返回東方後，立即滅了苟延殘喘的西夏。此後由於成吉思汗病逝，蒙古各部一度群龍無首，直到西元一二二九年的哈拉和林（大斡耳朵）大呼拉爾台上，成吉思汗的第三個兒子窩闊台被推舉為大汗，重新開始對金的戰爭。此時的金由於屢遭重創，疆域已經縮小到潼關以西、黃河以南一塊極小的版圖內。

宋理宗紹定五年（西元一二三二年）夏，蒙古大軍包圍開封，同時派使臣到南宋，商量合力擊滅金國之事。此時的宋人彷彿早已忘卻宣和年間海上之盟的往事，再度興奮了起來。權臣史嵩之振振有詞地表態：「徽、欽二帝與列祖列宗所受的屈辱猶在眼前，倘不能抓住此良機，實乃不忠不義之舉！」兩萬宋軍迅速北上，與蒙古人一起包圍金國行在蔡州，還送三十萬石軍糧給對方。理宗端平元年（西元一二三四年）正月，立國一二〇年的金朝在蔡州滅亡，宋蒙兩國成為中原最後的逐鹿者。

彷彿舊日重現，金國滅亡之後的南宋，渾然不覺占據華北的蒙古已經成為第一大威脅。相反地，為爭奪人望，宗室重臣、揚州知事趙范企圖利用蒙古軍主力北撤之後的戰略真空，一舉光復河南之地和故都開封。端平二年，二十萬宋軍渡淮河北上，進入昔日的西京洛陽，史稱「端平入洛」。但宋人驚訝地發現，經過蒙古鐵騎的一輪劫掠，這座繁華的都市已經僅剩三百戶居民，米糧全無。入夏之後，蒙古軍突然自潼關殺出，進入洛陽的宋軍主力一觸即潰，雙方正式進入對戰狀態。不過由於此際蒙古人再度出兵西征，窩闊台又在理宗淳祐元年（西元一二四一年）病逝，南宋尚有幾年喘息之機。到理宗寶祐六年（西元一二五八年）春天，成吉思汗之孫蒙哥出任大汗之後，令其弟忽必烈率軍出興元府，繞過宋軍重兵把守的襄陽，沿漢水東進。蒙哥本人則南下合州（今重慶合川），沿長江東進，準備與忽必烈在鄂州（今武漢）會師，然後順流東下、直取臨安，徹底滅亡宋朝。

這一回，蒙古人碰了個不大不小的釘子。「端平入洛」後，南宋深知蒙古人必出兵報復，從淳祐三年起陸續在川東、川東北和川南的山丘上修建了二十一座要塞，作為阻擋蒙軍抵達長江一線的防線。蒙哥的第一記拳頭，正打在合川的縱深防禦要塞釣魚城上。理宗開慶元年（西元一二五九年）初，七萬蒙古軍齊集釣魚城下，用雲梯、錘車、投石機和炸藥猛攻不止，但由於宋軍占據制高點，且防線正面極為狹窄，蒙古人並未得逞。當年入夏後，蒙哥本人在登高查探守軍虛實時被宋軍的石炮打中，不久即傷重死去。

此時，忽必烈正在猛攻鄂州，聞訊急欲回師與弟弟阿里不哥爭奪大汗之位。因此他賣了個人情給總領鄂州軍務的南宋外戚重臣賈似道，以長江為界、宋朝向蒙古稱臣、每年納歲幣四十萬為條件達成臨時停戰協定，隨後率師北返。而賈似道對雙方議定的條件祕而不宣，反而添油加醋地在宋理宗面前偽造前線大捷、蒙古軍被擊退的假情報，一躍成為朝廷最倚重的實權大臣。

釣魚城下的一炮，意外地為南宋創造了將近二十年的喘息時間，但真正好好利用這段時間的卻是蒙古人。忽必烈在理宗景定元年（西元一二六〇年）春天的開平呼拉爾台上如願當選為大汗，隨後相繼擊敗阿里不哥等人的叛亂，平定了北方。接著他派謀士郝經出使南宋，收取此前與賈似道約定好的歲幣。後者唯恐牛皮露餡，將郝經軟禁在真州軍中，祕而不宣。

度宗咸淳三年（西元一二六七年），忽必烈再度揮師南下，對長江橋頭堡襄陽發動長期圍困戰。而賈似道依然

蒙古軍隊利用浮橋橫渡長江，攻打宋軍

在新即位的度宗面前粉飾太平，歌舞昇平不斷。咸淳六年和咸淳七年，蒙古軍兩次擊退增援襄陽的南宋水軍。咸淳九年開春前，南宋守將呂文煥眼見事不可為，開城宣布投降。在那之前兩年，忽必烈已經將蒙古的國號改為「元」。

襄陽淪陷之後，蒙古水軍沿長江東進已呈勢如破竹之勢。恭帝德祐元年（西元一二七五年），賈似道終於親率十三萬大軍抵達蕪湖，與伯顏統率的元軍主力做最後的決戰。在敵軍步兵和騎兵的協同衝鋒下，七萬南宋陸軍一觸即潰，長江上的兩千五百艘戰船亦陷入混亂之中，一天之內就宣告戰敗。

蕪湖之戰慘敗後，南宋君臣才獲知郝經已經在真州被扣十六年的駭人事實，立即將其釋放，並將賈似道流放嶺南。但忽必烈並無意對臨安朝廷的「歉意」表示溫情。在兩次招降未果之後，伯顏的大軍在德祐二年正月攻入浙江，距臨安僅咫尺之遙。當年三月，主持朝政的太皇太后謝氏（宋理宗皇后）向伯顏獻上降表，隨後與四歲的恭帝趙顯一起被送往大都。與百年前的徽、欽二帝相比，南宋亡國之君獲得的待遇多少有所改善，但作為正統王朝的宋至此已宣告滅亡。

不過宋帝國三個世紀的養士傳統，終究在最後時刻爆發耀眼的光芒。臨安城破之後，六歲的皇兄益王趙昰和四歲的皇弟信王趙昺在國舅楊亮節的保護下從城內逃出，輾轉抵達溫州。陸秀夫、文天祥等忠臣在此地奉益王為天下兵馬都元帥，接著將這個流亡小朝廷遷往福州，在那裡正式奉趙昰為帝，改元景炎，史稱宋端宗。

景炎元年（西元一二七六年）夏天元軍攻入嶺南後，端宗一行軍民近五十萬人隨樞密副使張世傑乘船入海，企圖駛往泉州避難，但被擁有阿拉伯血統的市舶司（海關關長）蒲壽庚所拒，被迫在潮州、東莞一帶徘徊竟年。景炎三年三月，端宗乘坐的御舟在井澳海面被颱風打翻，八歲的小皇帝落水後罹患重病，於兩個月後死在一個無人島上；群臣遂又擁戴六歲的趙昺為帝，改元祥興。

率領陸路義軍在嶺南一帶轉戰的文天祥聞訊趕往潮陽，企圖與張世傑等人會合，但在海豐附近被元軍擊敗俘虜。元朝水軍統領張弘範將他帶到戰船上，駛向與張世傑最後的決戰地崖山（今廣東省江門市新會區南部）海面。巧合而殘酷的是，張世傑是出生在易州的北方漢人，其家鄉正在宋人曾念念不忘的燕雲十六州境內。

祥興二年二月六日（西元一二七九年三月十九日），宋元戰爭史上最後的戰略決戰在崖山爆發。張弘範巧布奇兵，利用漲潮之機發動突襲，大破笨重且不良於行的宋軍戰船。左丞相陸秀夫背負七歲的少帝趙昺投海殉國，張世傑率十八艘戰船勉強突圍，企圖退往安南再興義軍。四月八日，艦隊在今陽江市西南端的海陵島暫避時遭遇颱風襲擊，張世傑拒絕登岸自保，獨自屹立於船樓之中。「舟遂覆，世傑溺焉，宋亡」。

慘烈而悲壯的崖山之戰，成為中國乃至東亞文明史上濃墨重彩的一筆。明末士人有謂「崖山之後，已無中國」，認為這標誌著漢民族五千年歷史的第一次全面亡國。全世界首屈一指的工商業大國、貿易大國、文化強國，在蒙古的鐵騎和水軍面前竟如此不堪一擊，成為此後歷代中國知識分子難以磨滅的慘痛記憶。直到二十世紀初近代中國面臨亡國滅種的危機之時，中國作家猶常以宋末抵抗運動的故事自況，以振奮人心。

至於那位寫下不朽詩篇的文天祥丞相，他在忽必烈的監獄裡繼續待到至元十九年（西元一二八二年）十二月，依舊不肯投降，是月九日，在柴市刑場就義。其妻收斂遺體時，在其衣帶中發現了一首短詩：

孔曰成仁，孟曰取義，唯其義盡，所以仁至。

讀聖賢書，所學何事？而今而後，庶幾無愧。

尾聲 訪宋陵

從鄭州鞏義市驅車，沿著新建成的開洛高速公路往南行駛約半小時，一些鬱鬱蔥蔥的覆斗型丘陵就逐漸出現在地平線上，與周圍嘈雜的工地、工程車和新興工業區極不和諧。「這些陵墓統稱七帝八陵，除了北宋滅亡時被金朝擄去的徽宗、欽宗皇帝，從宋太祖到宋哲宗七個皇帝，再加上太祖趙匡胤的父親，都葬在這裡。」陪同我們的鄭州市文物處前處長于小興說。

整個宋代皇陵區的面積大約是一五〇平方公里，從孝義鎮，一直綿延到蔡莊、常村與西村鎮。在八月午後的烈日下，已經荒廢成土堆的鵲台、角樓與石像生（神道石雕）稀疏地散布在農家的玉米地與雜草叢生的田野裡。于小興告訴我們，為了防止一九九六年永泰陵「客使」石像頭被盜的案件再次發生，河南省文物局已經耗費鉅資

在這些四米高的龐然大物下安裝了先進的警報裝置，不過由於陵區面積太大，且常常開墾為耕地，所以無法對其進行有系統的保護。

靠近公路，位於蔡莊地界內的真宗永定陵算是保護開發最好的，好歹有一處簡單的工作站，不過依然有勞作後的村民懶散地躺臥在石獅底座旁乘涼，享受一下短暫的午休。對他們來說，這些千年以上的遺跡所承載的意義已經變成一些記憶的碎片，「宋朝皇帝的墳」，是他們對陵墓的統稱。

不過，在宋人眼中，這片靠近三一〇國道，黃褐色黏土到處可見的土地並非隨意選定的。按照

宋代的五音利姓說，鞏義最符合建「陰宅」，趙姓屬於角音，對應五行中的木，木生東方，陽氣在東邊的開封，所以皇帝必須在西方安葬，且陵區的地勢必須東高西低。鞏義東南山多，峻極峰海拔一四四〇米，比西北的邙山高得多，西有洛河北流，進入黃河。從堪輿學角度來看，南山北水，是富貴不斷的地勢。而且從太祖開始，宋朝許多皇帝就想把都城遷到洛陽，並且把洛陽稱為西京。選定皇陵在臨近洛陽的鞏義，已經是在為遷都做準備。

儘管如此，宋陵的風水並未給這個王朝帶來足夠的好運，西元一一二六年女真人建立的金朝攻破京城汴梁，也順便焚毀宋陵的建築，並「小墓揭頂」，「大墓挖洞後縋繩而下」，公開盜掘。

南宋文人韓淲在《澗泉日記》中記敘，高宗紹興十八年（西元一一四八年），南宋太常寺少卿方庭碩，乘出使金朝的機會，到宋陵查看時，發現各陵均被掘開，宋哲宗的屍骨竟露擲在永泰陵外。方庭碩不得不脫下身上袍服，將先帝的屍骨包裹起來，重新置放陵中，所謂「先帝侍臣空灑淚，泰陵春望已模糊」。南宋遺民的憤怒與悲傷，都濃縮為一句岳飛〈滿江紅〉中的名句：「靖康恥，猶未雪，臣子恨，何時滅？」

此種悲劇的原因何在？常人一提起趙宋朝，無非是「喪師割地，積貧積弱」等籠統評判。北宋南宋長達三一九年的歷史記錄中，的確充滿軍事上的挫敗和退卻，和平與安寧不得不以「歲幣」與「賜」為名向北方少數民族購得。然而北宋的人口已達一億以上，常備軍力在十一世紀中期之後，經常在百萬以上。即便南宋覆亡前夕，汪立信仍上書賈似道，稱江南之兵抽之過江「可得六十萬矣」。無論契丹、女真還是蒙古，都無此龐大的人力。趙匡胤謂契丹精兵不過十萬，靖康元年金軍圍汴京時，其人數也只六萬，而各地勤王之師已經在二十萬以上。

裝備方面，當時宋軍已有三弓床弩、神臂弓、斬馬刀等利器，盔甲也常常優於自己的對手。根據宋代《武經總要》所提供的圖案，已有金裝甲、連鎖甲、明光細鋼甲等樣式。即便在北宋氣運已衰的大觀二年（西元一一〇八年），拱衛京畿鄭州（西輔）等四郡各有馬步軍兩萬人，為這支龐大軍隊所儲備的糧草也達每鎮五百萬（每一單位代表銅錢一千文），透過滎水輸送。而傳統意見稱宋之歲幣、軍費使國庫為之一空，也不準確。南宋經年向北提供歲幣銀絹五十萬，只占國家收入之一小部分，不過２％。《宋史．食貨志》提及神宗朝各倉庫物資都超過儲藏的量限。

哲宗時，蘇轍說：「元豐及內庫財物山委，皆先帝多方蓄藏，以備緩急。若積而不用，與東漢西園錢、唐之瓊林大盈二庫何異？」大體上的意思即金錢物資既已積蓄豐富，就要經常流通，經濟的幅度才會寬裕擴大，彼此有良性循環。真宗天禧五年（西元一〇二一年），北宋國家總收入為一億五千萬。根據當時折換率，以上總值黃金一千五百萬兩至一千八百萬兩之間。

試圖徹底改變國家級恥辱的神宗趙頊於西元一〇六八年登基。當時他年方十八，但已有勵精圖治的聲名。他一生的志願乃是洗刷國恥，掃除北方邊境的蠻夷之邦，光復中國的疆域。為此他在宮廷裡建造一批庫房，又自作詩一首，以每個字為庫房之名號：「五季失圖，獫狁孔熾。藝祖造邦，思有懲艾。爰設內府，基以募士。曾孫保之，敢忘厥志。」

譯成白話文，就是：「五代十國之間缺乏計謀，以致蠻夷戎狄猖獗。有創造天才的祖先創立朝代，企圖挽回這種頹局，所以開設內殿中的府庫，作為募兵籌餉的基礎。我做曾孫的繼承此業，豈敢忘記他的遺志？」當他與文學之臣王安石對談時，因為兩者都志在調動經濟力量以充實軍備與國防，所以一見如故。

然而，為期九年的熙寧變法最終宣告失敗，王安石兩度入閣，兩度罷相，後被授予無關緊要的尊貴頭銜「荊國公」，在金陵安度晚年。雖然王安石本人「屬文動筆如飛」，又「議論高奇，能以辨博濟其說」，卻仍無法明瞭失敗的真正原因：商業資本無法在一個以自耕農為基礎，其官僚機構無法保障財產權，又缺乏彈性和現代功能的傳統社會中占據主導地位，最先進的部門如果無法與農業基礎和衷共濟，則只能成為拖累。

宋人既然無法產生這樣的歷史眼光，只好不斷地把責任歸咎於個人道德，並企圖從中尋找出路。在北宋皇陵區可以遠眺的峻極峰下，就是程頤、程顥兄弟曾經授業的嵩陽書院。這裡之所以成為北宋理學發源的中心，無疑與它處於西京洛陽與二程故居伊川之間的地理位置有關。

雖然書院經過歷代士人「毅然修葺，讀書於內」，但宋代的遺跡已蕩然無存。理學在北宋當代的名聲並不見佳，因為它不能與宋初富於戰鬥精神、對形而上學不感興趣的范仲淹與胡瑗相提並論。理學的代表人物程顥因與王安石發生衝突而被放逐，程頤則與蘇軾意見相左而遭貶官。

不但神宗皇帝，一般士人也不習慣他們的僵硬作風：「徒有假其名以欺世者，真可以噓枯吹生。凡治財賦者則目為聚斂；開閫捍邊者則為粗材；讀書作文者則為玩物喪志；留心政事則為俗吏。其所讀止四書、近思錄、通書、太極圖說、東西銘、語錄之類。」

似乎除了為先哲立祠堂，注解古書，理學家的作用就是將反對者稱為小人、奸黨。在南宋偏安東南後，諸如陸九淵等理學後繼者甚至比二程和朱熹更為激進，他們認為只要發現道德之理，省察內心，就可以「萬物皆備於心」，不需要對外部世界有所研究。

直到元朝大軍逼近臨安時，理學家的做派還是「每見所謂達官朝士者，必憒憒冬烘，敝衣菲食，高巾破履，人望之知為道學君子也」。這樣的滑稽現象雖不能由此認為二程開創的學派為「狹隘」或「反動」，卻說明宋代知識分子無法在政治、軍事、外交、經濟等眾多方面打開局面，才不得不主張反求諸己，內向閉塞，認為「人欲」與「天理」相違背，君子必須「主靜、主敬、慎獨」。這種拘謹作風，甚至影響了之後中國社會整體的性格，使之趨於保守內向……

編後記

這本書的立意是從今天的視角出發，開啟對宋朝之美的重新發現，這是一段自然而然、隨意而為，卻又不斷收穫驚喜的旅程。最初的成果為《三聯生活週刊》二〇一七年初的一組封面報導，之後繼續拓展，一路走來。我們努力跨越了多個學科的知識體系，也借助來自週刊之外的多方支持。

除前文下附署名作者之外，還有以下人士為本書的編纂工作付出了心血，在此致以誠摯的謝意：

〈我們為什麼愛宋朝〉于偉；〈追尋宋朝：士與器的黃金時代〉胡豐惠；〈《東京夢華錄》：宋代生活的時空門〉張南南；〈雅集：理想化歸宿〉古媛；〈書院：宋人理學傳播器〉孫楊；〈宋詞：淺斟低唱中的都市創作〉費冬梅；〈宋畫：神遊山水林泉間〉張曉光；〈宋茶：不枉人間住百年〉杜偉；〈清明上河圖：繁華背後的憂思〉逯曄。

本書付梓之際，不禁想起歐陽修名句「今年花勝去年紅」，但願讀者與我們一起，回望宋朝之美，品味今朝之樂。

參考資料

《東京夢華錄》：宋代生活的時空門

（日）久保田和男，宋代開封研究，上海古籍出版社，2010/ 惠冬，皇帝的餐桌：宋代宮廷飲食縷述，《紫禁城》2015（2）/ 王笑雪，東京夢華錄演藝史料研究，山西師範大學碩士學位論文，2013/ 張甲，兩宋時期瓦舍勾欄形制探究，西安建築科技大學碩士學位論文，2013/ 梁淑芬，北宋東京勾欄瓦子研究，河南大學碩士學位論文，2009/ 韓芳，北宋東京休閒娛樂活動研究，河南大學碩士學位論文，2012/ 吳從芳，宋代伎藝人研究，四川師範大學碩士論文，2015/ 劉方，宋代兩京都市文化與文學產生，中國社會科學出版社，2017/ 高媛，「東京夢華錄」食、器考，新疆師範大學碩士學位論文，2016。

雅集：理想化歸宿

衣若芬，赤壁漫遊與西園雅集：蘇軾研究論集，線裝書局，2001/ 胡建君，我有嘉賓，西園雅集與宋代文人生活，上海錦繡文章出版社，2012/ 曾莉，李公麟〈西園雅集圖〉裡的人物形象研究，新絲路（下旬）2016（1）/ 韓波、張玉芝，中國雅聚文化現象及其繪畫圖像表現評析，美與時代（下）2014（3）。

書院：宋人理學傳播器

（法）謝和耐，中國社會史，江蘇人民出版社，2014/ 劉子健，兩宋之際的文化轉向，中國轉向內在，江蘇人民出版社，2012/（日）小島毅，中國思想與宗教的奔流》，廣西師範大學出版社，2014/ 陳鋼，書院與兩宋理學運動，中國政法大學博士畢業論文，2010/ 李兵，書院與科舉關係研究，華中師範大學出版社，2010/ 周曉光，新安理學與徽州宗族社會，安徽師範大學學報（人文社科版），2001（1）/ 潘立勇，宋代美學代表人物與核心範疇，社會科學輯刊，2013（3）。

宋畫：神游山水林泉間

楊仁愷主編，中國書畫，上海古籍出版社，2009/（美）高居翰，圖說中國繪畫史，生活・讀書・新知三聯書店，2014/韓剛、黃淩子，中國古代物質文化史・卷軸畫・宋，開明出版社，2013。

宋茶：不枉人間住百年

沈冬梅，茶與宋代社會生活，中國社會科學出版社，2015/揚之水，兩宋茶事，人民美術出版社，2015。

〈清明上河圖〉：繁華背後的憂思

餘輝，隱憂與曲諫——〈清明上河圖〉解碼錄，北京大學出版社，2015/（加）曹星原，同舟共濟——〈清明上河圖〉與北宋社會的衝突妥協，浙江大學出版社，2012/趙廣超，筆記〈清明上河圖〉，生活・讀書・新知三聯書店，2005/陳詔，解讀〈清明上河圖〉，上海古籍出版社，2010。

金甌缺：兩宋王朝的真實與想像

（日）小島毅，中國思想與宗教的奔流，廣西師範大學出版社，2014/陳舜臣，中國的歷史，福建人民出版社，2013/錢穆，中國歷代政治得失，生活・讀書・新知三聯書店，2001/王曾瑜，宋高宗傳，中國書籍出版社，2016/鄧廣銘，嶽飛傳，商務印書館，2015/鄧廣銘，遼宋夏金史講義，中華書局，2013/閻京生，崖山1279：天朝的嘆息。

國家圖書館出版品預行編目(CIP)資料

我們為什麼愛宋朝 / 賈冬婷, 楊璐編著. -- 初版.
-- 臺北市 : 遠流, 2019.07
面； 公分
ISBN 978-957-32-8588-5(平裝)
1. 宋史 2. 通俗史話
610.9 108009186

我們為什麼愛宋朝

編　　著：賈冬婷、楊璐
總監暨總編輯：林馨琴
責任編輯：楊伊琳
特約編輯：黃怡瑗
行銷企畫：趙揚光
封面設計：張士勇
內頁設計：邱方鈺

發 行 人：王榮文
出版發行：遠流出版事業股份有限公司
地址：10084 臺北市南昌路二段 81 號 6 樓
電話：（02）2392-6899
傳真：（02）2392-6658
郵撥：0189456-1
著作權顧問：蕭雄淋律師

2019 年 07 月 01 日　初版一刷
新台幣定價 420 元（缺頁或破損的書，請寄回更換）
ISBN 978-957-32-8588-5 版權所有・翻印必究
Printed in Taiwan

遠流博識網 http://www.ylib.com
E-mail: ylib @ ylib.com